21世纪海上丝绸之路协同创新中心系列丛书
广东外语外贸大学商学院企业国际化系列丛书

阿里巴巴
ALIBABA

陈国海 刘贵鸿 陈祖鑫 ◎ 编著

政委体系
COMMISSAR SYSTEM

企业管理出版社
ENTERPRISE MANAGEMENT PUBLISHING HOUSE

图书在版编目（CIP）数据

阿里巴巴政委体系/陈国海，刘贵鸿，陈祖鑫编著.
—北京：企业管理出版社，2018.7

ISBN 978-7-5164-1728-7

Ⅰ.①阿… Ⅱ.①陈… ②刘… ③陈… Ⅲ.①电子商务—商业企业管理—人力资源管理—经验—中国 Ⅳ.①F724.6

中国版本图书馆CIP数据核字（2018）第125541号

书　　名：	阿里巴巴政委体系
作　　者：	陈国海　刘贵鸿　陈祖鑫
责任编辑：	张　羿
书　　号：	ISBN 978-7-5164-1728-7
出版发行：	企业管理出版社
地　　址：	北京市海淀区紫竹院南路17号　　邮编：100048
网　　址：	http://www.emph.cn
电　　话：	总编室（010）68701719　发行部（010）68701816　编辑部（010）68701891
电子信箱：	80147@sina.com
印　　刷：	河北宝昌佳彩印刷有限公司
经　　销：	新华书店
规　　格：	170毫米×240毫米　16开本　17印张　210千字
版　　次：	2018年7月第1版　2021年4月第7次印刷
定　　价：	68.00元

版权所有　翻印必究·印装错误　负责调换

前 言

2017年9月8日晚，阿里巴巴集团18周年年会在杭州黄龙体育中心召开。马云在会上进行了20分钟的演讲，主要围绕"新经济体、不忘初心、理想主义"三个关键词，认真地定义阿里未来，激励阿里人再出发。2017年9月10日，中国企业联合会、中国企业家协会在江西南昌发布了2017中国企业500强。据榜单显示，阿里巴巴集团排名第103位，较2016年上升45个名次，并成功入围2017年《财富》世界500强，排名第462位。这家互联网企业能够取得现在的成绩，让世界看到中国的发展，离不开马云的智慧，更离不开阿里人的猛劲，最离不开的还是背后的制度设计。"政委体系"就是阿里巴巴颇有特色的制度设计之一。

阿里巴巴是个极其注重文化建设的公司，与国内众多知名企业相比，阿里巴巴的文化（如笑脸文化、武侠文化、倒立文化）都显得特立独行。阿里巴巴成立于1999年，到102年周年庆的时候，已经步入了22世纪，那阿里巴巴就成为横跨三个世纪的国际企业。这个目标的实现更多的是靠企业文化支撑，员工对企业文化的践行和传承，才能保持企业的"原汁原味"，实现薪火相传，企业方向和内在价值才不会发生"质变"，企业才能生生不息。从这个意义来说，负责企业文化传承的政委在马云"百年大计"中扮演着至关重要的角色。

马云和他的团队一直在想如何在公司层级增多、跨区域发展的背景下，一线员工依然能够保持价值观的传承，政委体系就是一个巧妙的载体。马云于2004年在集团内部推行政委制度，将B2B部门的HR派驻至业务部门当政委，和业务经理搭档，共同对业务团队进行团队管理、人才培养和业务决策等工作。

政委体系的灵感来源于2004—2005年热播的电视剧《亮剑》和《历史的天空》，里面的李云龙、姜大牙，这两个人物让马云看到了当时那些基层的管理者的影子，而政委赵刚和张普景就是企业当下所需要的人，红军和八路军的"政委体系"能够很好地与军事主官配合，扬长补短。在大框架方面，阿里巴巴强调政委既要打造和传承自己的企业DNA，又要参与业务部门日常业务，做业务部门的"二号人物"。

阿里巴巴最早是从B2B业务起家，但是发展到现在已远远超越电商公司的概念。通过大数据云计算、支付和金融、物流、大文娱、农村淘宝等一系列布局，阿里着眼于商业基础设施和生态建设。为满足多样化业务发展，构建统一的价值观，阿里政委需要充当以下四类角色：

第一种角色：关于"人"的问题的合作伙伴。在这个角色中政委需要理解业务逻辑是什么，明确"人"的问题的着力方向，明确着力方向才能有的放矢地发力。

第二种角色：人力资源开发和人力资源增值。政委不仅要负责价值观的传递，还要承担起干部和骨干梯队建设的重任。要积极参与业务部门领导和人才发展通道建设，向上级部门反馈人力资源工作的有效性。

第三种角色：公司与员工之间的"同心结"和桥梁。阿里巴巴让政委深入一线团队的主要目的就是建立起员工和公司之间的桥梁，用心去体会员工的需求，分担他们的疑虑，对他们的难处感同身受，传达公司的政策，解读相关讯息，引导员工思想的变化，及时发现问题，排解问题，并通过流程的优化尽可能规避类似问题的出现。

第四种角色：企业文化的倡导者/贯彻者/诠释者。阿里政委就是企业文化布道官。使命是保证道德大方向、传承价值观、建设好所匹配的队伍。

阿里政委为完成角色职责内的事情，常用的工具就是韦斯伯德的六盒模型，六盒模型主要用于组织诊断；其次用得较多的就是复盘方法论，集团内部的大小项目或者紧急事件都要进行复盘，如每年的"双11"复盘、"抢月饼事件"复盘等。另外，每年还会在特定时间进行人才盘点，对于集团中的"老白兔"需要定期进行清理。随着业务和时代的发展，阿里政委的角色也在不断地变化和延伸，近期似乎更加强调业务背景和业务导向。

阿里巴巴政委体系源自中国红军的政治委员制度，和源自西方HR管理理论的HRBP（人力资源业务合作伙伴）模式相比，更适合国内大多数企业。国内的企业组织形式，直接照搬西方的HRBP模式，要么过犹不及，要么隔靴搔痒。企业管理如同军队管理，阿里巴巴的政委体系实践证明了"党指挥枪"的理念在互联网公司嫁接的可能性，业内企业纷纷开始效仿阿里巴巴的政委体系。马云说过："可以向阿里巴巴学习，但是不要学习阿里巴巴"。企业在搭建政委体系的时候不能完全模仿阿里巴巴的模式，需要结合自身实际，搭建适合自己的"政委体系"。毕竟阿里巴巴政委体系背后有健全的制度和文化支撑，没有什么成功是偶然的。我们可以看到阿里的个性，更需要看到政委和HRBP的共性——业务导向、专业支持、平台化体系化的后台。而如何构建适合自己的政委体系，包括HR+三支柱的搭建顺序、政委体系的框架、政委的定位，等等，需要HR和业务的管理者一起围绕业务痛点和组织现状一步一步探索前行。

放在HR+三支柱的背景下，中小企业也许没有充分的实力购买并上线共享服务中心（SSC），或者缺乏专家中心（COE）人才，或者无法花大钱聘请"外脑"，但可以从开展政委（或兼职政委、HRBP）工作干起，从而充分地了解业务需求，支持并服务业务。中小企业学习阿里政委体系的时候，一定要消除认识上的误区，认为只有大企业、规模以上企业、员工多的企业才能实施政委（HRBP）工作。其实，根据笔者的理解和看法，几十人以上的企业就可以实施，专职政委不够用，可以设兼职政委或者民间政委，把政委工作开展起来。政委体系是具有中国特色的HRBP模式，阿里巴巴的成功实践更是激发了业内民营企业的学习兴趣，写《阿里巴巴政委体系》一书，也是为了能够与广大的人力资源从业者、企业家分享阿里巴巴政委体系的精髓，共同探讨政委体系的构建与运作细节。为了推广学习交流阿里巴巴政委体系，广东省人力资源研究会从2016年开始至今已经成功举办了多期"人力资源转型：HRBP赋能与实践"特训营，受到业界的好评。

本书广泛征求业界专家、学者及企业高管等专业人士的意见和建议，是集体智慧的结晶。本书由广东省人力资源研究会秘书长陈国海教授（广东外语外贸大学商学院）、广东省人力资源研究会政委（HRBP）商学院执行院长刘贵鸿总经理（广州市瀚唐企业管理咨询有限公司）、HR实名俱乐部创始人陈祖鑫先生任主编。其中，陈国海负责策划、统稿，并参与全书的编写和修订；刘贵鸿负责拟定全书的框架、编写大纲并统稿；陈祖鑫负责调研和收集阿里巴巴的部分相关资料。此外，袁赛、汤玲对本书的编写工作也提供了很大的帮助。编写过程中主要参考了《阿里巴巴的企业文化》《阿里巴巴人力资源管理》《复盘+把经验转化为能力》《HRBP是这样炼成的之菜鸟起飞》等书籍。

作为本书的主编，陈国海教授在2016—2017年期间曾两次带领团队参观阿里巴巴集团。2016年10月13~15日，陈国海教授亲自带领12人团队（高校教师2人、知名企业人力资源总监10人）前往阿里巴巴集团杭州总部，参观阿里巴巴的总部办公环境，感受企业文化，与阿里巴巴农村淘宝事业部领导共同探讨阿里巴巴的人力资源管理实践及业务转型对人力资源的影响。2017年3月14日，陈国海教授带领20人团队（企业高层管理人员18人、高校教授2人）前往阿里巴巴集团华南区总部进行企业参观和HRBP前沿分享研讨，阿里巴巴华南区政委也对阿里巴巴政委的实践和经验进行了分享。两次的阿里巴巴之行，所看到的、所听到的、所感受到的主要就是：阿里巴巴是一个极度重视文化建设和人才培养的企业，政委体系的引入就是为了解决文化稀释和人才发展的问题。在陈国海教授带队的阿里巴巴之行中，他们深入阿里巴巴集团内部，与人力资源高管面对面交流，得到宝贵的原始材料，为这本书的顺利完稿打下了坚实的基础。

最后，感谢所有参与和支持本书编写工作的单位和个人。特别感谢阿里巴巴农村淘宝政委殷红磊先生，为阿里巴巴政委体系提供重要的写作素材，为读者展现了阿里巴巴不一样的企业文化；感谢阿里巴巴华南大区政委张蓓蓓女士，在广东省人力资源研究会2016年年会及2017年年会上分享阿里巴巴政委体系及组织诊断工具，为本书的写作提供了丰富的原始资料；感谢王建和先生分享阿里巴巴北方大区的文化及团队建设的举措。另外，由于时间仓促，对于阿里巴巴政委体系相关资料的调研收集可能存在遗漏的情况，书中内容难免会有些不完善的地方，欢迎批评指正。

广东省人力资源研究会秘书长

广东外语外贸大学商学院教授

香港大学心理学博士

陈国海

2018 年 2 月 28 日

目　录

第1章　政委建在连队上——阿里政委的前世今生

一、政委制度的来源 003
　1. 苏联红军的政治委员制 004
　2. 国民革命军的党代表制 005
　3. 中国红军的政治委员制 006

二、阿里政委的起源与发展 008
　1. 马云设立政委的初衷 008
　2. 阿里政委的发展史 013
　3. 政委体系的必然性 017

三、不一样的阿里政委 020
　1. 阿里政委与军队政委 020
　2. 阿里政委与HRBP 021

本章参考文献 022

第2章　马云眼中的政委——《历史的天空》和《亮剑》

一、《历史的天空》——政委张普景 027
　1.《历史的天空》简介 027

《 1 》

  2. 政委张普景 028

 二、《亮剑》——政委赵刚 035

  1.《亮剑》简介 035

  2. 政委赵刚 036

 三、马云眼中的政委 045

  1. 二号人物 045

  2. 闻味官 047

  3. 布道者 049

 本章参考文献 052

第3章 阿里政委与文化对接

 一、"长"出来的阿里文化 057

  1. 校园文化 058

  2. 铁军文化 059

  3. 互联网文化 060

 二、阿里巴巴子文化——阿里橙 061

  1. 阿里B2B——笑脸文化、Fun文化 062

  2. 淘宝网——倒立文化、武侠文化、店小二文化 063

  3. 支付宝——手印文化、裸奔文化 065

  4. 阿里软件——红军文化 066

 三、融入阿里文化路漫漫 067

  1. 广纳有"阿里味儿"之士 067

  2. 上文化课 069

  3. "老人"影响新人 069

 四、阿里文化的落地招式 071

1. 价值观量化 072
2. 仪式固定化 077
3. 文化道具化 085
4. 内容可视化 085
5. 案例故事化 086
6. 激励特殊化 087
本章参考文献 089

第 4 章　政委建在连队上
一、从"幕后"到"舞台中央" 093
1. 政委 vs HR 093
2. 政委何去何从 095
二、成为称职的舞伴 098
1. 一切从对话开始 098
2. 建立信任关系 101
3. 舞者的尊严 104
三、练好舞步，让舞姿更优雅 106
1. 做好"三陪" 106
2. 开会的哲学 111
3. 政委的"特权" 112
本章参考文献 113

第 5 章　阿里政委体系建设——总政委、大政委、小政委
一、阿里巴巴的人力资源体系架构 117
1. 绩效体系"GE 造" 117

2. 阿里人力资源管理的"三驾马车"..................118
 二、阿里巴巴政委体系架构..................124
   1. 大政委..................125
   2. 小政委..................129
 三、阿里政委的定位..................143
   1. 角色定位..................143
   2. 职能定位..................146
 本章参考文献..................147

第6章 阿里政委体系运作——揪头发、闻味道、照镜子、搭场子

 一、阿里政委的日常工作..................151
   1. 文化价值观的倡导者..................151
   2. 人才规划的实施者..................152
   3. 人才开发的建设者..................153
   4. 绩效闭环的推动者..................154
   5. 组织发展的设计者..................154
   6. 全面激励的落实者..................155
 二、揪头发..................156
   1. 何为揪头发..................156
   2. 为什么要揪头发..................156
   3. 怎样揪头发..................157
 三、闻味道..................159
   1. 何为闻味道..................159
   2. 阿里政委"闻"什么..................160
   3. 到底怎么"闻"..................160

四、照镜子 162
1. 何为照镜子 162
2. 照什么 163
3. 怎么照 165

五、搭场子 166
1. 何为搭场子 166
2. 为何要搭场子 166
3. 给谁搭场子 167
4. 如何搭场子 167

本章参考文献 174

第7章 阿里政委培育——胜任力与团队建设

一、原来你是这样的政委 177
1. 岗位说明书背后的胜任力 177
2. 阿里政委的六个画像 179
3. 阿里政委的四大工作目标 182
4. 阿里政委的胜任力模型 184

二、阿里政委的修炼术 188
1. 知识技能 188
2. 个人思维 189
3. 人际沟通 190
4. 业务经营 191

三、如何搞定政委团队 193
1. 政委从哪里来 193
2. 不想做政委 194

3. 不会做政委 ... 195

4. 阿里政委养成记 ... 196

本章参考文献 ... 198

第8章 阿里政委工作方法论——六个盒子、复盘

一、组织诊断神器——六个盒子 ... 201

1. 六个盒子 ... 201

2. 六个盒子的落地 ... 205

3. 六个盒子在阿里云的实践 ... 209

二、复盘，你会玩吗 ... 211

1. 复盘的由来 ... 211

2. 复盘，而非总结 ... 212

3. 复盘的理由 ... 214

三、阿里的复盘实践 ... 216

1. 阿里的人才复盘 ... 216

2. 阿里的项目复盘 ... 218

3. 阿里复盘案例 ... 221

本章参考文献 ... 227

第9章 阿里政委启示录——该中国 HR 登场了

一、阿里政委启示录 ... 231

1. HR 回归价值创造之路 ... 231

2. 重新定义 HR ... 232

3. 政委岗位是个大舞台 ... 234

4. 阿里政委是中国本土化管理实践的杰作 ... 235

二、借鉴政委体系——体系构建 236
1. 做好前期准备 236
2. 明确政委定位 239
3. 理清汇报路线 241
4. 优化搭建步骤 242
5. 精选政委人才 244

三、借鉴政委体系——体系运作 246
1. 政委赋能，双线提升 246
2. 支柱互动，良性运作 248
3. 人财保障，技术支撑 250
4. 阶段评估，适时调整 251

本章参考文献 252

第1章 政委建在连队上
——阿里政委的前世今生

中央军委主席习近平强调政治建军是我军的立军之本。政治建军，即坚持"党指挥枪"这一人民军队的优良传统。我军在革命时期的历史实践雄辩地证明，"革命的政治工作是革命军队的生命线"。而"政治委员制度"作为军队政治工作制度的重要组成部分，不仅体现了"党对军队的绝对领导"这一中国人民解放军不变的军魂，更在革命斗争实践中不断发展、完善，巩固了政治工作的生命线作用。

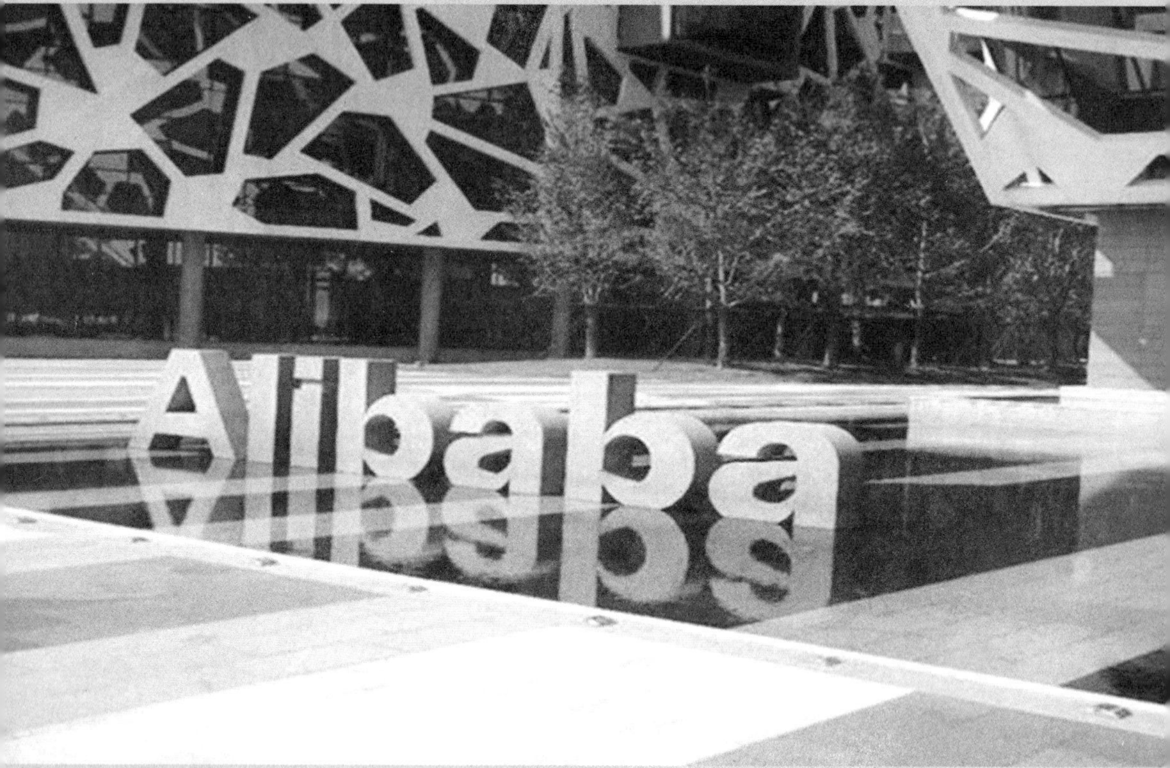
Alibaba

一、政委制度的来源

政治委员制度始于18世纪意大利共和国雇佣军，其当时的职能是作为政府的特别全权代表监督部队的行为；法国资产阶级大革命时期（1789—1794年），政治委员制度成为法国雅各宾派专政时期同反革命斗争的重要手段之一；后来，列宁在领导俄国革命中创造性地借鉴了这一制度，史无前例地开创了无产阶级军队中的政治委员制度。中国红军创立之初，毛泽东、周恩来等借鉴苏联红军（由列宁等人缔造，全称为苏联工农红军，是1917—1945年间苏联陆军和航空武装力量的统称）的做法，吸收在国民革命军中设立党代表的经验，在人民军队中着手建立政治委员制度，如图1-1所示。

苏联红军的政治委员制
↓
国民革命军的党代表制
↓
中国红军的政治委员制

图1-1　中国红军政治委员制的渊源

1. 苏联红军的政治委员制

十月革命以后，面对虎视眈眈的国际资产阶级和不断进逼的白军，年轻的苏维埃政权陷入了困境：起义军虽为数众多，但并不具备无产阶级意识，对共产主义革命的认识也不到位，导致作战能力不能充分发挥出来。另外，苏军刚建立时，留用了大量的沙皇军官、军事专家，需要对军队全体人员加强政治教育。遂于1918年春，在军队正式建立了政治委员制度，并于当年7月在全俄苏维埃第五次代表大会上以立法的形式将政治委员制固定下来，其目的是在军队中贯彻党的政策，对军事专家进行政治监督，领导党组织和全部党政工作[1]。

1919年，俄共（布）《关于军事问题的决议》指出："政治委员在军队中不仅是苏维埃政权的直接代表，而且首先是我们党的精神"。政治委员对旧军队中来的军事指挥员进行监督，因此，要"使政治委员有实行纪律处分的权利和交付审判的权利"[2]。同年，苏联红军制定了团政委守则，明确指出"团政委是本团政治上和精神上的领导者，是本团的物质利益和精神利益的第一保卫者，是本团的灵魂"[3]。

至1924年，政权已经巩固，军队中旧军官也经受了考验，指挥干部的社会成分和党派成分已经改善。俄共（布）中央遂于1924年7月28日通过了在陆海军中逐步实行一长制的决定。根据当时的实际情况，采取了两种方式：指挥员是党员的，实行完全的一长制；指挥员不是党员的，实行不完全的一长制，即指挥员负责军事指挥和行政管理，另设政治委员负责党政工作。

1941年7月16日，苏联卫国战争开始不久，军队补充了大量的预备役人员，需要加强党政工作，于是苏联最高苏维埃主席团主席做了在苏军中重新设立政治委员的决定。至苏联卫国战争中期，苏军广大指战员经受了战争的考验和锻炼，政治委员制已失去了存在的基础，于是苏联最高苏维埃主席团主席在1942年10月9日发布命令，在陆海军中实行完全的一长制[4]。

2. 国民革命军的党代表制

当中国民主革命如火如荼地开展时，孙中山及广州革命政府的活跃，使得苏联当局将其确定为在中国的革命盟友。苏联政府在1918—1920年，逐渐与中国民主革命领导人孙中山建立了联系。被派到中国的共产国际代表马林根据共产国际的经验，向孙中山提出关于中国革命的两条建议：一是组成一个能够联合各革命阶级，尤其是工农大众的政党；二是设立军官学校。

黄埔军校是中国近代最著名的一所军事学校，培养了许多在抗日战争和国内革命战争中闻名的指挥官，主要将领出自第一次国共合作时期的一至六期。军校创立的目的是为国民革命训练军官，这些军官是国民政府北伐战争统一中国的主要军力。狭义上讲，黄埔军校应是1924—1930年国民党在广东广州黄埔区长洲岛兴办的一所军校，校址原为清朝陆军小学和海军学校校舍。当时校名为"中国国民党陆军军官学校"。

黄埔军校的诞生，不仅反映出苏联对于国际共运的大力支持，也显示出苏联红军"政治委员制度"在异乡的旺盛生命力[5]。

苏联顾问不仅在军校的全部军事教学中发挥了重要作用，在政治教育制度的推广上的作用则更为关键。正是这种以政治、军事并重的培养模式，令中国军队意识到了政治工作的重要性。当时，政治教育的方针非灌输政治科学知识，而是"重点在于提高学生的政治觉悟，使他们成为自觉反帝反封建的革命战士"[6]。

1926年国民党中央制定和颁布了《国民革命军党代表条例》，条例指出"党代表在军队中为中国国民党之代表""为军队中党部之指导人"。条例赋予了党代表监督军事指挥员和副署行政命令的权利。从此以后，党代表在军队中享有与军事指挥官平等的权力。

3. 中国红军的政治委员制

黄埔军校和国民革命军党代表中许多是中国共产党人，他们在军队中积累了丰富的党代表工作的经验。所以大革命失败后在中国共产党所创建和领导的红军中，为建立党对军队的领导，一开始就建立了党代表制。中共中央在工农革命军中所建立的党代表制，是对国民革命军党代表制的借鉴。

中共中央在文件中第一次以政治委员代替党代表名称，是在1928年5月发出的《中央通告第五十一号——军事工作大纲》。该大纲规定："在割据区域所建立之军队，可正式定名为红军，取消以前工农革命（军）的名义。""红军应由苏维埃派政治委员监督军官，并负责进行政治工作，政治委员即为党代表。[7]"

1928年7月党的"六大"决定，军队实行政治委员和政治部制度。1929年，根据中央给红军第四军前委的指示信精神，党代表改称政治委员，营、连也设立了政治委员。1931年起，营、连政治委员分别改称政治教导员和政治指导员。从此，红军的党代表制改为政治委员制。虽然称谓改变了，但原有的中国共产党党代表的性质并没有改变。此后，政治委员制度始终为红军、八路军、新四军和人民解放军所沿用。

现今，在中国人民解放军中，政治委员和同级军事主官同为所在部队的首长，在同级党的委员会领导下，对所属部队的各项工作共同负责。政治委员是党的委员会日常工作的主持者。政治委员隶属于直接上级首长，在政治工作上，服从上级政治委员和政治机关；在军事工作上，服从上级军事指挥员、政治委员和军事机关。

政治委员在工作中应与军事主官相互支持，密切合作。在原则问题上不能取得一致意见时，应当提交党的委员会讨论决定，或请示上级解决；紧急情况下，属于军事工作方面的问题由军事主官决定，属于政治工作方面的问题由政治委员决定，但都必须对党的委员会和上级负责，事后报告，接受检查。

二、阿里政委的起源与发展

2004年,马云从热播的军事历史电视剧《历史的天空》中找到灵感,但是这并不是他在阿里巴巴中设置政委和变革人力资源架构的主要原因。从2004年着手搭建政委体系,到现在阿里政委体系成为业界人力资源成功转型的典范,阿里巴巴的政委体系也经历了比较艰辛的发展过程。

1. 马云设立政委的初衷

阿里巴巴政委设立的初衷是想保证企业能够长远地发展,避免业务经理因为短期的业绩压力而采取短期的做法。设置政委主要是阿里巴巴具有以下五个方面的需求,如图1-2所示。

图1-2 阿里政委体系设置的初衷

第1章 政委建在连队上
——阿里政委的前世今生

【愿景的需要】

马云在许多场合都曾表达过他要"创建一个102年的公司"的人生理想。而他的同事们,当年一起在杭州的民宅中结义的"十八创业罗汉",在经历了公司上市带来的无限精神和物质满足之后,有什么方式可以让他们或者更多的高管继续带着往日的激情,把阿里巴巴的事业推向新的高峰?在阿里巴巴上市之后,有四位高管出局,又有新的伙伴加入,最后形成了现在的30多人的合伙人团队。马云实际上是在打破高管们心中"这个企业没有我不行"的思维定式,这是因为一个在全球范围内优秀的企业不应该是没有谁就不行。英雄对于企业来说至关重要,但是一个企业更应该致力于建设一套不断培养出英雄的机制。正如《基业长青》中所讲的,一个企业做大靠经营,做久靠管理[8]。

阿里巴巴要做102年,需要坚守一些道德底线和标准,HR体系就要跟上。做互联网、电子商务,由于新的文明是开放透明,因此机制就要跟上,管理背后的制度建设、继任者计划等都需要加大投入,都需要在资金、组织上提供保障。这样才能真正实现"百年老店"的终极目标。

【战略的需要】

阿里巴巴成立于1999年,希望能够横跨3个世纪,走过102年。什么能够支撑阿里走过102年?不是靠产品,不是靠一种模式,不是靠一家公司,靠的是阿里的文化。在组织和公司规模不断扩大的情况下,如何保持文化的传承,保证基因不被稀释掉,这是政委需要思考的问题。业务部门的人看季度完成目标即可,而政委至少要看1~2年的中期目标,甚至3~5年的长远目标。

马云和他的团队一直在思考如何在公司层级增多、跨区域发展的背景下，一线员工依然能够保持价值观的传承，同时在业务和人力资源培养方面，有快捷的支持。政委体系就是一个巧妙的载体。

所以，阿里在2004—2005年推出了政委体系。阿里的政委体系并不完全等同于HRBP体系，它的政委体系优先于国内其他HRBP体系的发展。

【文化落地的需要】

由于独特的企业文化，阿里巴巴对员工的价值观十分重视。价值观是阿里人群体的价值取向，是阿里人的共识，是整个组织的DNA，是阿里人一直坚守的内核。阿里巴巴的"六脉神剑"，即客户第一、团队合作、拥抱变化、诚信、激情、敬业，其实就是对其价值观的一个综合阐述。当其他互联网公司把"速度"和"创新"作为企业生存基础的时候，阿里巴巴却把"六脉神剑"作为自己的天条，这或许正是阿里巴巴的独特之处。

在每个季度的员工考核中，对价值观行为标准的打分占到了总分的50%，这就意味着员工"是不是阿里人"对其在薪酬、晋升等方面起着至关重要的作用。而在大多数企业，价值观只是作为一个参考因素。由于价值观的"软性"，评价起来势必会增加绩效考核的成本。阿里巴巴依托具体的分拆性评价，将六个核心价值观具体演化成30种行为方式，使之可操作化，从而对每一位员工起到重要的导向作用。而且，阿里巴巴的价值观考核还采用过关的形式。可见，马云重视这方面的投入，是希望借由这种相对极端的硬性制度，来确保阿里巴巴的味道。

【业务的需要】

首先，从行业特征的角度来讲，阿里巴巴处在一个高速成长的行业。高速成长的行业的特点是低位高用，从人力资源配置的角度来说，机会多，工作多，但人不多。所以必须加大人力资源管理投入，以统筹协调大而杂的局面，尽量做到人岗匹配，充分发挥人力资本的价值。

其次，从业务关系的角度来讲，阿里巴巴 HR 和业务呈现的是手心手背的关系，即 HR 要贴着业务。业务和 HR 融合在一起，形成一个太极图，业务会谈到很多的词，比如"快速识错""快速迭代""小步快跑"。这对政委的要求就很高，政委不仅要闻味道，感知温度，经常与员工交流，还要查看整个团队是否士气高昂，是否存在心态上的不足。因此，在政委的选拔、培训、考核等方面需要很大的投入。关于提高队伍士气，阿里巴巴的一个重要途径是借助员工俱乐部。阿里巴巴著名的"阿里十派"就有来自员工关系部门的政委的参与，是由员工自主经营的俱乐部。政委的重要任务之一就是带领大家"吃喝玩乐"。这么大的投入，旨在提升阿里团队的温度。

最后，从业务特点的角度来讲，电子商务灵活多变，因此一方面需要组织灵活，另一方面又需要员工创新。想让组织灵活，就需要配套的人力资源体系去支撑人才的运动，以做到招之即来，来之能战，战之能胜；想让员工创新，就要鼓励员工勇于试错，就需要配套的激励机制。互联网和电子商务的发展都是摸着石头过河，所以阿里巴巴总的方向就是在试错中前进，阿里巴巴希望让听得见炮火的人来决策，期待各级领导敢于让员工犯错，让他们在错误中创新和成长，这些都是需要组织和资金支持的。

【人员扩张的需要】

因为业务规模的扩张，阿里巴巴的员工数量也急剧增长，从最初的 18 个人，到 2005 年的几千人，再到现在的 3 万人。人员规模的扩大，势必会给企业的内部管理带来巨大的挑战。无数的创业型企业都没能迈过这道坎。

对于阿里巴巴来说，这一挑战显得更加严峻。阿里巴巴的员工偏年轻化，而且还要保证每一个新员工都要有共同的价值观，那么在培养上就得投入更大的精力。事实上，阿里巴巴一向不吝啬培训方面的投入，马云即使再忙也会抽身参加每一期的新员工培训会，以向新员工传输信仰的价值。

在选人与育人的决策中，阿里巴巴更侧重于育人，邓康明（原阿里巴巴集团资深副总裁、首席人力官、阿里影业首席运营官）曾说："我们的选人策略是宁肯找那些没有太多工作经验而基本素质很好的人。"彭蕾（原蚂蚁金服董事长，工号007）也提出对人才的新要求：聪明、乐观、皮实、自省。第一要聪明，聪明包含两个方面：一个是硬的，你的专业得有两把刷子；另一个是软的，开放，与人交流，能够互通有无的能力。第二要乐观，有理性地充满希望。第三要皮实，不要玻璃心，事情过了就过了，不能变成心里的一个结。第四要能自省，即使跟我没关系的事，也能三省吾身，思考如何做得更好。相比工作经验，阿里巴巴更看重人员的基本素质。"软实力，如乐观、不怕压力很重要，缺乏经验没关系，我们愿意投入很大的精力去培养他。"邓康明如是说。

在校园招募中，阿里巴巴提出"非凡人以平常心做非凡事"的理念，主要瞄准技术岗位选拔人才，一旦录用，阿里巴巴也将投入大量资源帮助新人成长，包括一对一配备资深的师兄、设置完善的培养课程，并甄选业务场景帮助其快速获得实战经验。

在阿里巴巴的企业文化中，人力资本和物质资本是不一样的。人是资本而不是成本，企业可以通过对人进行投资，从而增加其自身的价值并创造新的价值。对育人的重视与投入，很好地体现了阿里巴巴人力体系的成长导向。

对于阿里巴巴严格的价值观行为标准评定来讲，人员膨胀是一个巨大的挑战。打分制要求上司对员工有绝对的了解，但是人员如此迅速地扩张后又怎么能保证呢？为了化解这些难题，阿里巴巴对 HR 本身进行了大规模的投入，阿里巴巴的 HR 人数几乎是行业标准的两倍，而 HR 的投入是同类企业的三四倍之多。

这几年，由于阿里巴巴对人才的重视，除了普通员工外，阿里巴巴的高管"空降兵"也日益增多，因此又出现了一个问题，即由于这些空降的高管在以前受过其他企业文化的熏陶，现在再来完全接受阿里巴巴的文化，就显得比普通员工更难。因此，阿里巴巴在这方面加大了投入，经常举办一些高管活动，如"湖畔论道"等。正如邓康明曾说的："人员膨胀，管理必然被稀释，而通过 HR 这条线，可以弥补。"

2. 阿里政委的发展史

阿里创始人马云一直在思考如何保证企业层级增多、跨区域发展成为趋势的情况下，在一线员工中保证价值观的传承，同时在业务和人力资源培养方面提供更快捷的支持。阿里政委体系走到今天已经实践了十几年，跟阿里的业务发展状态紧密相关。它可以分为四个阶段：种子期、萌芽期、发展期和生态期。每一个阶段都是伴随着电子商务的发展、商业模式的拓展、企业规模的扩大而发展的，如图 1-3 所示。

阿里巴巴政委体系

政委种子期
1999年至2003年
电子商务基础
商业模式：B2B
企业规模：18～500人

政委萌芽期
2003年至2009年
个人消费迅速增长
商业模式：B2B、C2C、支付打通
企业规模：1.8万人

政委发展期
2009年至2013年
电子商务生态链
商业模式：B2B、B2C、C2C、支付、物流、云全面开花
企业规模：2.4万人

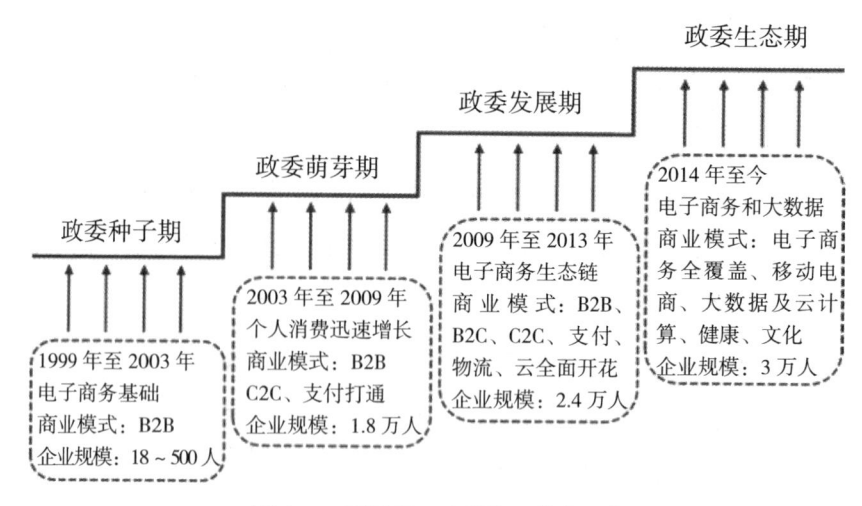

政委生态期
2014年至今
电子商务和大数据
商业模式：电子商务全覆盖、移动电商、大数据及云计算、健康、文化
企业规模：3万人

图1-3　阿里巴巴政委体系的发展史

【政委种子期】

2004年后热播的两部历史电视剧《亮剑》和《历史的天空》，是政委体系落地的爆发点。其实1999—2003年是阿里巴巴政委的种子期，最关键的是1999年，阿里巴巴B2B有一个核心产品——中国供应商，中国供应商作为阿里巴巴最早盈利的项目，帮助阿里巴巴走出最低的谷底。很少有人知道支持阿里巴巴熬过世纪之交互联网寒冬的，并不是严格意义上的"互联网"团队，而是阿里巴巴的"地面部队"。依靠着挨家挨户的地推团队，培育了中国第一批触网商家，也塑造了一大批阿里高管和创业CEO。这批核心的销售团队就是阿里的中供铁军！中供铁军被马云称作是阿里巴巴旗下最剽悍、最具战斗力的销售团队。这样的一支团队在业务进行过程中，假如没有文化的指引，就会陷入迷途，失去道德底线。为此，才出现了"政委"，以确保企业价值观能够真正地在团队中贯彻。

第1章 政委建在连队上
——阿里政委的前世今生

【政委萌芽期】

2003年之后，阿里巴巴出产了一个很厉害的产品——"淘宝"，剁手族从此诞生。淘宝网的发展激活了C端市场，原来只是B2B（企业到企业）的市场，这个阶段B2C（企业到消费者）和C2C（消费者到消费者）的市场也做了出来，这个时候除了在"中供"有政委，淘宝、支付宝也进行了政委体系建设。

2006年是阿里政委重要的一个时间点。这一年阿里的业务还比较单一，以B2B为主，这个节点是阿里政委体系化的节点。2006年集团对政委的要求角色是关于人的问题的业务伙伴、人力资源的开发者，是公司沟通的桥梁，是文化的倡导者、贯彻者和阐释者。

【政委发展期】

到了2009年，另外一个大的节目出来了——"双11"，"光棍节"摇身一变，变成了淘宝网的购物节。同时，除了上线天猫，阿里也启动了蚂蚁金服、阿里云、菜鸟物流等，阿里巴巴的业务体系急速扩张。

【政委生态期】

2014年9月19日，阿里巴巴集团在美国纽约证券交易所正式挂牌上市。在马云致投资者的公开信中，提及关键词"生态系统"（Ecosystem）达24次之多。"我们不是一家拓展技术边界的科技公司，而是一家通过持续推动技术进步，不断拓展商业边界的生态系统。"阿里巴巴雄踞中国互联网B2B、B2C、C2C、网络支付、网络贷款等多个重要垂直市场老大，并开始进军云计算和大数据（阿里云）、物流（菜鸟物流）、搜索（UC浏览器）、地图（高德地图）、娱乐（阿里文娱）、医疗健康、文化甚至足球！各个领域都已经生态化，所以阿里的政委也在往生态化的方向发展。

与之相适应，对政委的要求也做了大的升级。2015年政委体系升级后的要求升级成为：懂业务、促人才、推文化、提效能。与2006年的政委关键年相比，不同之处在于2015年对业务理解、战略落地、提升效能方面有了更高的要求。而不变之处在于，政委始终要承担文化传承、人才发展的责任。

关于阿里政委的生态化，可以从以下三个方面进行理解。

第一，阿里业务的生态化。阿里现在的业务早已经多元化和平台化，简直是无孔不入，从购物到支付，从生活到文娱，从媒体到社交，从健康到体育，我们生活的每个角落、每个场景和每个入口都深度植入阿里业务。阿里逐渐通过商业和资本连接起来的生态大图，是充满想象力的，阿里业务将如同水和电一样存在我们身边。因此，基于业务的生态化，政委生态才有可能构建。

第二，阿里文化的生态化。阿里"六脉神剑"的价值观要求员工要守住"高压线"，坚守"客户第一、团队合作、拥抱变化"，个人要保持"激情、诚信、敬业"。后来发现很多公司都对这六条法则有所借鉴。实际上，这有点像互联网公司的普世价值观，已经生态化了。另外，阿里倡导的管理文化"透明的天、踏实的地、流动的海、氧气充足的森林"也是非常有想象力的。而阿里文化最值得称道的是其包容性和开放性。

企业文化没有好坏，但企业文化必须足够包容和开放，才能变成生态。

第三，阿里人员的生态化。什么是人员的生态化？指的是阿里政委人员来源生态化、结构生态化。具体来说，今天阿里政委还都是阿里系的人，而明天可能就有更多外部力量的加入，或者更多非阿里系的人。换个角度看，其他企业在用阿里巴巴的政委模式，也可以算是阿里生态化的政委，是阿里政委体系孵化出来的生态种子，当这粒种子在其他企业成长得枝繁叶茂时，阿里政委的生态系统将会水到渠成。

3. 政委体系的必然性

阿里的政委体系对人力资源体系进行了创造性的变革，它的诞生也有其必然性。

【中西合璧】

戴维·尤里奇（Dave Ulrich）是HRBP的创始人，他提出"只有大约50%的企业绩效处于管理层的控制之内，其他50%可能是源自政府、天气等不可控因素。在可控的企业绩效里，19%取决于HR人员的素质"，人力资源部不能仅仅是行政支持部门，还应该是企业的策略伙伴、变革先锋、专业日常管理部门和员工的主心骨。这一主张切中了企业发展的要害，不少企业开始引入HRBP模式，进行人力资源的变革。如今，国内引进HRBP模式已有近20年，最近这几年HR+三支柱、HRBP等概念在HR业内持续火爆。但纵观国内企业，真正有搭建比较完善的三支柱体系者却屈指可数，比如华为、腾讯、百度。当下，很多企业都非常渴望搭建HR+三支柱体系，尤其是渴望设置HRBP角色。为了让HR职能更迅速地凸显价值，对三支柱的原理都没有完全领悟，就直接给HR冠以"HRBP"的称呼，这个从国内大量的HRBP招聘信息可以看出。HRBP们，要么在自嗨地做着换汤不换药的事务性工作，要么就会抱怨企业主太急、HR领导太虚，辗转于各个不同的企业，渴望有所突破，其实也是枉然。

其实，HRBP模式复制不太成功，还有一个重要原因就是国内外HRBP的应用背景存在着较大的差异。国外的现代企业制度历史悠久，发展比较成熟，国内的企业组织形式的规范性还比较欠缺。企业员工的职业感、事业感、责任感不强，西方的人力资源理论基于非常成熟的社会大分工制度，产业及产业工人相对成熟，而中国许多企业家大呼中国没有或缺失产业工人，中国企业直接照搬西方HR管理理论，要么是过犹不及，要么是隔靴搔痒。比较理想的方式，就是以中式的政委制为主，辅以西式的HR管理，双管齐下，互为补充。阿里巴巴的政委体系就为国内企业构建HRBP体系提供了更多的参考依据。

【政经结合】

世界上出商业人才最多的不是著名的商学院，而是西点军校。根据美国商业年鉴统计，二战后，在世界500强企业中，西点军校培养出来的董事长有1000多名，副董事长有2000多名，总经理、董事一级的有5000多名。其中包括麦睿博（宝洁公司前首席执行官）、罗伯特·伍德鲁夫（可口可乐之父）、山姆·沃尔顿（沃尔玛创始人）、雷·克拉克（麦当劳创始人）、桑德斯（肯德基创始人）。

包括哈佛商学院、伦敦商学院、INSEAD在内的任何商学院都没有培养出这么多优秀的经营管理人才。在中国，许多有魅力的企业家也都是军人出身，包括联想的柳传志、华为的任正非、三九的赵新先、万科的王石、华远的任志强、广厦的孙广信、科龙的潘宁、杉杉的郑永刚、宅急送的陈平。他们也都认为军旅生活对企业的管理具有很大的帮助[9]。

军队管理的基本职能是对军事活动的计划、组织、指挥、协调、控制，最终目的是提高军队战斗力，增强整个国家军事实力。企业管理跟军队管理的相似之处主要包括：组织管理、思想管理、装备管理、后勤管理、信息管理、科技管理、环境管理、人员管理、计划管理等。

阿里巴巴的政委体系来源于红军的政治委员制度。阿里政委体系的设立证明了"党指挥枪"的理念在互联网公司嫁接的可能性。没有成功的企业，只有时代的企业，在企业每个发展阶段，运用不同的企业文化建设模式，辅助业绩发展，是企业管理者始终要考虑的。

三、不一样的阿里政委

1. 阿里政委与军队政委

阿里政委的灵感来源于军队政委，两者有诸多的相似之处。在作用方面，军队政委是保证党对军队的绝对领导；阿里政委是确保组织价值观、愿景、使命的落地。在功能方面，军队政委与军事主官配合，激励士气，身先士卒，解决军队的后顾之忧；阿里政委是解决业务领导的后顾之忧，打造一个既有战斗力又有激情的团队。在工作方法方面，军队政委可以采用军事推演、战场复盘等方法，而阿里政委可以采用工作推演、工作复盘等方法。

当然，在地位方面，军队政委可以说是与军事主官同等重要的角色，只是分工不同而已，有时候保证党和政府对军队的绝对领导比什么都重要；马云则将阿里政委定位为"二号人物"，因此阿里政委的地位略逊色于军队政委。这种地位的差别在很大程度上源于军队性质和企业性质的区分。这样也导致了两者在工作方法方面的些许差异，比如，军队政委可能采取更为刚性的工作方法（如强制），采用思想政治工作方法，而阿里政委则更多地采用文化工作和心理工作方法，如表1-1所示。

表1-1 阿里政委与军队政委

	阿里政委	军队政委
作用	确保价值观、愿景、使命的落地，监督、促进并制衡	党对军队的绝对领导，监察
功能	解决业务领导的后顾之忧，打造有战斗力、有激情的团队	与军事首长配合，激励士气，解决后顾之忧
地位	二号人物	同等重要，都是一号人物
工作方法	工作推演、工作复盘等方法；相对柔性	军事推演、战场复盘等方法；相对刚性

2. 阿里政委与HRBP

阿里政委也叫HRG，但是它与HRBP从起源上来说不能等同。戴维·尤里奇在《人力资源最佳实务》中，最先提出HR部门的组织架构再设计框架，最后演变成如今的HR+三支柱模型。这三支柱分别是：

• COE（Centre of Excellence or Center of Expertise）：人力资源专业知识中心或人力资源领域专家；

• HRBP（Human Resource Business Partner）：人力资源业务伙伴；

• SSC（Shared Service Centre）：共享服务中心。

这就是HRBP最早的理论来源。政委体系则源自红军的政治委员制度，在阿里巴巴中生根发芽，是富有中国特色的HRBP模式。两者的需求相同，都是基于企业的发展和业务需求，服务于业务线，突破于人力资源六大模块的创新，是倒逼出来的人力资源组织管理新模式。

如果非要讲阿里政委跟其他公司的HRBP有什么不同，那么就是[10]：

（1）职责定位明确。政委明确定位为"二把手"，负责在组织和人才上匹配和辅助业务主管，但对主管要发挥业务制衡、引导和改造作用，实现政委与业务部门之间的作用力与反作用力，从而让 HR 距离业务更近一点，距离公司领导者更近一点。

（2）权力责任清晰。阿里员工价值观考核占据 50%，政委在这方面发挥着重要作用，政委要保障基本价值观和规章制度的贯彻执行，在用人和组织文化方面具有一票否决权，同时政委具有一定的"特权"，比如绕开业务主管召开人员会议听取意见等。

（3）业务理解通透。对业务的理解在阿里是明确提出的，而且要求以 10%～30% 的时间投入其中，尽可能参加一些业务例会并提出专业意见。只有主动嵌入业务，走近业务主管，HR 才有机会去谈"战略"，做真正的"业务伙伴"[11]。

（4）员工沟通到位。阿里明确提出政委的 50%～60% 的时间要投入员工访谈，了解员工并保障团队士气。这里需要强调一下，明确这个要求是需要一定魄力的，在三支柱应用中有不少 HRBP 因时间问题，在员工上的沟通时间不超过 10%，慢慢失去了 HRBP 的核心价值点。

（5）文化保障彻底。阿里的政委高度重视组织文化。阿里的业务多变，离钱又近，文化保障非常重要[12]。

本章参考文献

[1] 董仁棠. 苏军的政治委员制度 [J]. 军事历史，1987（4）：50.

[2] 苏联国防部军事历史研究所. 苏联武装力量 [M]. 北京：解放军出版社，1981：34.

[3] 兰州军区军政干部学校政治教研室. 列宁、斯大林领导时期苏联红军建设的若干资料汇集.3-4.

[4] 波别日莫夫. 苏联建军简史 [M]. 张祖德，译. 北京：时代出版社，

1956：28.

［5］张弓. 人民军队"政治委员制度"起源研究——外部资源的引入与吸收 [J]. 军事政治学研究，2015（3）：58-75.

［6］中国人民政治协商会议全国委员会文史资料研究委员会. 第一次国共合作时期的黄埔军校 [M]. 北京：文史资料出版社，1984：118.

［7］中共中央文选集：第 4 册 [M]. 北京：中共中央党校出版社，1989：233、236.

［8］柯林斯，波拉斯. 基业长青——企业永续经营的准则 [M]. 真如，译. 北京：中信出版社，2002.

［9］军队能给管理带来什么 [EB/OL].[2010-04-15].http://hr.lhrc.cn/management/looknew.php?newid=60270.

［10］透视阿里政委体系，一文讲透企业复制政委体系的关键 [EB/OL]. [2017-11-07]. http://www.sohu.com/a/202768513_460374.

［11］除了阿里巴巴、华为的 HRBP，这家制造企业的 HRBP 引人注目 [EB/OL]. [2018-01-11].http://www.hrloo.com/rz/14280770.html.

［12］HRBP 必看，揭秘阿里巴巴政委体系及落地宝典 [EB/OL]. [2017-09-17].http://www.sohu.com/a/192535119_165191.

第2章 马云眼中的政委
——《历史的天空》和《亮剑》

阿里巴巴的政委体系来自于我国红军的政委制度，马云通过军事题材电视剧《历史的天空》和《亮剑》获得启发。这两部电视剧都讲到了人民军队是如何从小到大快速发展起来的，描述了能打枪、懂政策的政委张普景、赵刚，如何把有匪气的姜大牙、李云龙雕琢成将军的故事。当时阿里巴巴也正处于快速扩张、团队凝聚力相对薄弱的时期，为了解决困境，马云在阿里巴巴引入"政委体系"。

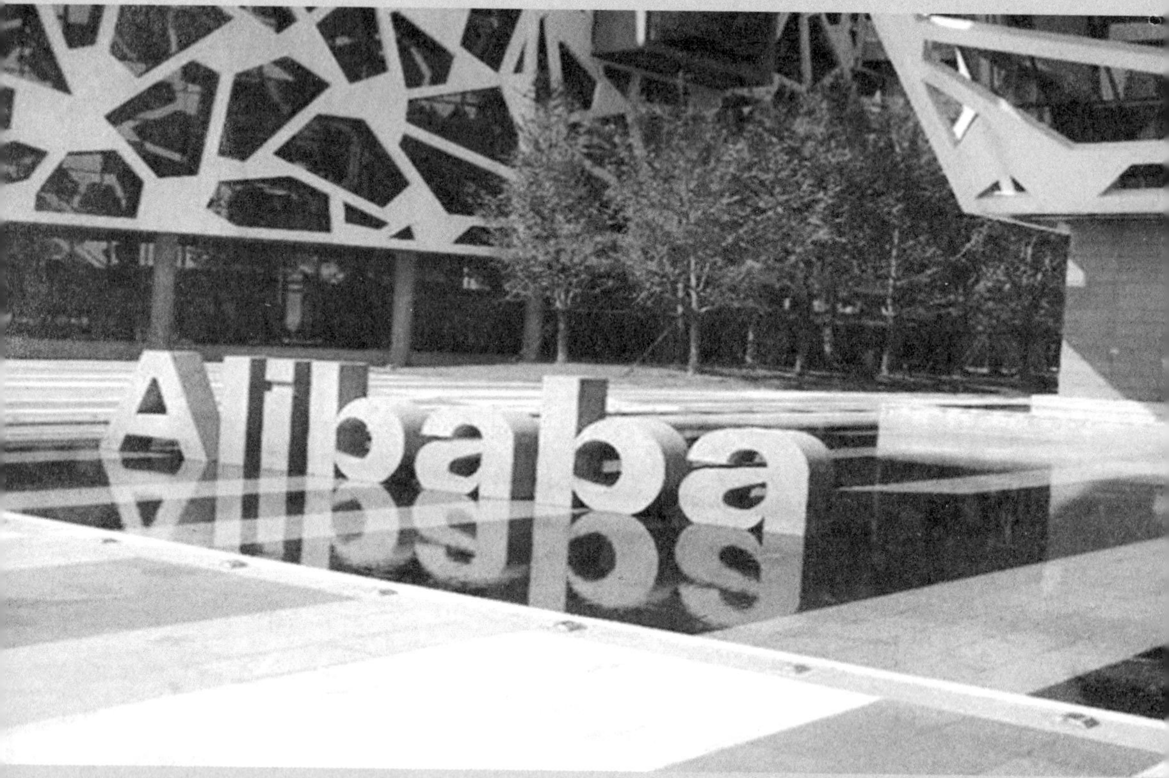
Alibaba

第2章 马云眼中的政委
——《历史的天空》和《亮剑》

一、《历史的天空》——政委张普景

1.《历史的天空》简介

荡气回肠波澜壮阔的革命历程,同仇敌忾生死与共的兄弟情怀——《历史的天空》。

《历史的天空》是根据徐贵祥同名小说改编的军事历史电视剧,以抗日战争为主要背景,讲述了姜大牙(后改名为姜必达)、陈墨涵等为代表的30来个青年男女在20世纪30年代投身于革命的故事。这是一个既起伏跌宕,又错综复杂的漫长故事,贯穿了从抗日战争到拨乱反正时期长达40年的历史。

《历史的天空》的主人公姜大牙,因逃避日军追杀到凹凸山投奔国民党军队,阴差阳错地闯进了八路军的根据地,在他犹豫的时候,受到司令员杨庭辉人格的感召,留在了游击队里,开始了他有声有色的战斗生涯。从此,他在优秀的政治工作者张普景等人的帮助下,逐步显现出其优秀的品质和卓越的智慧,由一个不自觉的草莽英雄成长为一名足智多谋的指挥员,最终修炼成为一名具有高度政治觉悟和斗争艺术的高级将领。在他的成长过程中,政委张普景的作用十分重要。张普景始终坚持原则,敢于"冒犯"首长,抨击姜大牙的错误行为,引导姜大牙走上正确的思想道路。姜大牙对政委张普景的认知也由最初的"敌人"转变成良师益友。

可以说,这也是一个政委和军事主官由最初的互相不配合到协同作战,最终引导战争走向胜利的故事。

2. 政委张普景

"你现在是新四军干部,要注意影响,不要犯纪律。"——张普景

张普景是《历史的天空》中的主角之一,正因为有了张普景的执着理性,才和姜大牙的自由随性形成了鲜明的对比,一抑一扬,突显出丰满的人物个性。

由于父亲在领导武汉工人罢工中牺牲,张普景被铁路劳工总会抚养成人,并读完高中。他是凹凸山抗日游击队中纯粹的布尔什维克干部,在抗日战争时期担任军分区政治部主任,虽然在"纯洁运动"中犯了错误,整过姜大牙,但为人光明磊落,解放战争时期任八纵二旅政委、某军二师政委,朝鲜战争后任某军政治部主任政委,和姜大牙合作几十年,是姜大牙军旅生涯中的"警示牌"。他说,"李文彬叛变了,未必说明我们大家都是叛徒。你们也用不着灰溜溜的,姜大牙有问题,我还是要开展批评[1]。"

政委,在部队中可不是一个轻松的职位,大到军事策略,小至家庭纠纷,都是政委日常需要面对和解决的。从这些工作中可以提炼出政委的四个重要角色,如图 2-1 所示。

第2章 马云眼中的政委
——《历史的天空》和《亮剑》

政治宣导者 ＋ 军事参与者 ＋ 生活管理者 ＋ 矛盾化解者 ＝ 张普景

图 2-1 张普景的角色

【政治宣导者】

"老杨，我想在我们支队的全体干部中，开展一次政治信仰教育，大力宣讲《共产党宣言》。"——张普景

张普景作为一个具有坚定政治信仰的政委，为了提高部队整体，尤其是军事主官的政治觉悟，希望能够在部队中进行政治教育。初次与新兵朱预道见面，纠正朱预道的"长官"称呼和敬礼的手势，这个细节就足以体现出他的原则性和政治信仰。"换鞋"事件是他同姜大牙的第一次交锋。他认为在革命的队伍中不应该有军阀存在，而姜大牙的强制换鞋行为就是军阀作风。他不但当面指出了姜大牙的错误，而且很不客气地向司令员杨庭辉提出要加强组织的力量，对问题不能迁就。他不认同杨庭辉司令员的宽容：由于姜大牙能打仗，而且刚参加革命，而对其放松革命组织纪律的要求。他坚持要在队伍中展开政治信仰教育，宣讲《共产党宣言》，要让干部们明白革命的性质、纲领和目标，树立起远大的共产主义理想，坚决杜绝强制换鞋的军阀行为。不仅如此，作为政治工作者，张普景在机关中会定期给革命干部上党课，时刻提醒革命干部坚定政治立场，保持较高的政治觉悟。

张普景是一个坚持原则但缺乏灵活性的政委，在他眼中，凡是违反共产主义信仰的行为都是错的，都是需要受到斥责的。一旦感受到姜大牙和战士们的政治觉悟有所下降，就会进行政治教育。不过，正因为有张普景的政治教育和坚定的政治信仰，部队的整体政治觉悟才有所提升，对后续作战行动的顺利进行起到重要的推动作用，部队也很快从游击队转向正规军。

政治教育是部队政委的常规工作。在部队中进行政治信仰教育就如同在企业中宣传企业所倡导的价值观，能够营造出一种良好的管理氛围。企业政委的工作职责就是在业务团队价值观下沉的时候及时倡导企业价值观，防止业务团队一味地追求业绩而忽略最基本的道德底线，违背企业的价值观。

【军事参与者】

"同志们，上刺刀！"——张普景

在对错误的"纯洁运动"进行清算的那些日子，张普景好一阵子抬不起头来，幸亏有了个第七次反"扫荡"，窦玉泉和张普景等人主动要求到一线带兵指挥作战，尤其是张普景所指挥的方向，坚持时间最长，最后还展开了白刃战，打得惊天地、泣鬼神，张普景本人身先士卒，以一个知识分子和分区首长的身份，挺着一柄三八大盖，居然拼掉了两个日本兵和一个伪军，可以说创造了奇迹。张普景在这场战斗中全身轻重五处负伤，倒下时还说了一句"中国人是不可战胜的"，他以自己的英勇行为对自己的错误进行了补偿，同时也重新赢得了姜大牙的谅解和尊重。

姜大牙："告诉参谋长，照此计划执行。"

张普景："看看还有什么地方需要修改。这次防御战意义非同寻常

第2章 马云眼中的政委
——《历史的天空》和《亮剑》

啊！从军部到司令部，一个半天的时间里，连续发来了五道通报，要求我们死守，至少要坚持三天……"

姜大牙："把作战计划给我！"（修改了作战计划）

在抗美援朝战争中，陈墨涵制订了防御战计划，这个作战计划是将二团置于很可能被打光的位置，而一团的压力和危险则要小得多。就要执行的时候，张普景提醒姜大牙从大局出发，建议修改作战计划。张普景从此次战争的重要性和艰巨性出发，详细分析目前的敌我形势，引导姜大牙综合考虑各项因素。最后，姜大牙修改作战计划，调换一团和二团的位置，结果很可能是首先死打硬拼的是一团，而最后收拾战果的功臣部队却是二团。经过顽强抵抗，此次战争取得胜利。在这次作战中，张普景对战争形势进行了准确分析，并从侧面提醒姜大牙要考虑综合因素，不能一味求得短暂的胜利而不顾长远利益，不顾战士生死。

张普景的军事能力令姜大牙意想不到，他本以为作为一介知识分子的张政委只会摆政策，讲原则。张政委的这一战直接改变了姜大牙和整个部队的战士对他的看法，在部队中建立起权威，对后来的军事决策及在部队中开展政治思想教育工作具有一定的推动作用。在关键时候提醒姜大牙没有注意到的盲点，这也是政委难能可贵的地方，有利于姜大牙做出最佳的军事决策。

虽说政委主管生活和后勤，但是对军事不了解、不关心的政委也不是合格的政委。部队中的政委只有了解战争形势，熟悉整个作战过程，当然具备打仗能力更好，才能更好地辅助军事主官做出更加完善的军事决策，在取得战斗胜利的同时，提升整个部队的政治觉悟。同样的，在企业中，政委和业务主管的搭档也是如此，政委虽不是业务出身，但是也要懂业务逻辑，了解整个业务链是如何运作的，怎样才能做好业务，只有熟悉业务套路，才能更好地融入业务团队，增强信任感和权威性，更好地辅助团队成长。而且作为业务主管的搭档，还需要帮助业务主管了解他了解不到的盲点，提示他从不同的角度考虑问题，做出最有利于业务发展的决策。

【生活管理者】

政委的工作内容还包括对内进行生活管理，具体到团队成员的个人问题。管理好团队成员的生活，有利于树立政委的正面形象，建立起政委与团队成员间的信任关系，增强成员的组织归属感。《历史的天空》中，张普景"管生活"主要体现在解决姜大牙的婚姻大事，以及纠正朱预道的婚姻错误上。

东方闻音在接应国民党起义部队时不幸英勇牺牲后，姜大牙一度萎靡不振，生活上和思想上又回到"土匪"模样，作为政委的张普景内心焦急，于是和姜大牙的同乡兼好兄弟朱预道说明事由，希望朱预道能够协助解决姜大牙的个人终身大事，重塑姜大牙在部队中的领导榜样作用。最终姜大牙和韩春云在朱预道夫妇的撮合下结成夫妻，姜大牙的生活重回正常轨道。张普景的及时出手，对稳定姜大牙的心态、缓和团队氛围起到了积极作用。

"这是人民内部矛盾，不要一张嘴就什么冲啊，杀啊，砍啊的。"——张普景

解放战争之后，朱预道在学校进行演讲，受到女学生的仰慕，差点就此休掉糟糠之妻，造成不好的影响。张普景知晓后分别找三位当事人进行深入谈话：一方面批评朱预道的错误，引导朱预道明确自身的革命

第 2 章　马云眼中的政委
——《历史的天空》和《亮剑》

干部身份，时刻保持警惕性，不要被胜利冲昏头脑，毫不留情地批评了这种错误行为；另一方面积极开导仰慕朱预道的女学生，先是肯定女学生的政治立场正，阶级感情深，然后为她讲解爱情的各种形式及婚姻制度，最终劝服女学生放弃朱预道，从英雄的光环中回到现实；另外，说服岳秀英不要和朱预道离婚，先是批评岳秀英采用武力方式解决私人矛盾，破坏革命友谊，并没收枪支，同时建议岳秀英提升个人修养，增加个人魅力。

这两件事主要体现了张普景政委既关心部队的政治教育工作，还负责解决战士的个人问题，端正生活作风。处理战士生活方面问题的张普景和政治教育时的张普景有所不同，在政治立场这一问题上，张政委坚持原则，毫不动摇。但是涉及战士的生活问题，张政委就具有一定的灵活性，针对不同的对象采用不同的处理方式，充分地让战士体会到组织关怀，增强战士的组织信任感，改善部队氛围，给部队"加温"。

在企业中，政委的职责之一就是处处关怀员工，充当"小棉袄""知心姐姐"的角色，时刻关心员工生活，将企业文化落到实处。一般来说，企业关怀员工，员工会认为很正常，但又觉得很虚，而真正的员工关怀应该是员工关怀员工，只有这样，才能形成一种文化的传承。

【矛盾化解者】

"同志之间的矛盾，那是人民内部的矛盾，忍什么辱负什么重啊！会上不直说，会后一套套，患得患失，东张西望，这绝不是纯洁的党性。"——张普景在麒麟山的这支队伍内部一直存在着以杨庭辉、姜大牙为代表的富有斗争经验的工农干部和以李文彬、江古碑为代表的自认为一贯正确的"布尔什维克"干部之间的矛盾。"布尔什维克"派一直不怎么看得起姜大牙，认为姜大牙江湖气太重，不是一名有党性的军人。尤其是李文彬和姜大牙之间，矛盾颇深。为了解决二人之间的矛盾，杨庭辉还专门开会对两人的职责进行分类分工，李文彬的主要精力放在地方政权建设上，姜大牙则主管军事斗争，互相井水不犯河水。李文彬认定自己被架空，就千方百计揪姜大牙的辫子，并找到张普景告状。张普景始终坚持原则，坚定立场，认为李文彬的这种做法会伤害同志感情，有损队伍团结。

张普景在面对团队内部不同派别之间的矛盾时，始终保持清醒的头脑，对矛盾、冲突定性，"同志之间的矛盾就是人民内部之间的矛盾"，而非阶级矛盾，不能上升到斗争、批斗的层面。

二、《亮剑》——政委赵刚

1.《亮剑》简介

"古代剑客们在与对手狭路相逢时,无论对手有多么强大,就算对方是天下第一剑客,明知不敌,也要亮出自己的宝剑。即使倒在对手的剑下,也虽败犹荣,这就是亮剑精神。剑锋所指,所向披靡。"——《亮剑》[2]

《亮剑》是根据都梁同名小说改编的一部战争艺术和传奇色彩融会贯通的主旋律作品。《亮剑》的主人公李云龙是一个重义轻生、铁骨柔肠、肝胆照人,一生都在血与火中搏斗的名将。他的人生信条是——明知是死,也要宝剑出鞘,这叫亮剑;即使牺牲,也只有用前胸去迎接子弹,而不是用后背。作品以主人公李云龙的经历为主线,从他任独立团团长率部在晋西北英勇抗击日寇开始,直到他在 1955 年被授予少将军衔为止,讲述他富有传奇色彩的一生。

故事中还有一条主线讲的是李云龙和政委赵刚之间的"斗争",最后,军政兼优、在官兵中有很高威信的赵刚政委,将莽撞、缺乏政治觉悟的李云龙改造成为具备较高政治觉悟的军事将领。

2. 政委赵刚

"亮剑,亮出的是气势,是胆略,是男子汉的精神。"——赵刚

赵刚是《亮剑》的主角李云龙的生死之交,是"一二·九"运动领导人,燕京大学毕业,1937年加入中国共产党,在延安抗大学习,1938年任八路军129师386旅独立团政治委员。

电视剧里赵刚甫一出场,背着八路军行军包,走进师部的门,"报告!"一个标准的军礼,满心壮志的坚定表情,却也掩不住未脱的稚气。神态间的坚定,举手间的从容,满满透着对革命前途的信心,对生命自由的向往[3]。正是因为有了赵刚,他的冷静沉着、文武双全的书生气质与李云龙的骁勇善战、所向披靡的军人风采相映衬,才使得电视剧不仅完整地展示了我们人民军队指战员的思想境界和精神风貌,也完美地诠释了我们人民军队的"军魂"。

如果说李云龙是一个执行者,那赵刚就是一个深谙提高执行的精度、准度和速度的人。李云龙犯错,赵刚就能最低限度地降低错误的影响程度;李云龙不理智,赵刚就能顺着李云龙的逻辑让他理智。如果把李云龙比作关羽的话,赵刚就是能够协助李云龙提高团队凝聚力和战斗力的诸葛亮。尽管他们有很多的不同,但是相同的志向使他们紧紧地走在一起,相互提携,相互尊重。

在和李云龙几十年的共事中,赵刚可谓身兼多职。他首先是要搞定搭档李云龙,然后就是要和李云龙一起管理好整个部队。具体来说,政委赵刚所扮演的角色可以概括为:李云龙的"搭档"、队伍建设的"主

第 2 章 马云眼中的政委
——《历史的天空》和《亮剑》

将"、军事行动的"高参"、人才地图的"画手",如图 2-2 所示。

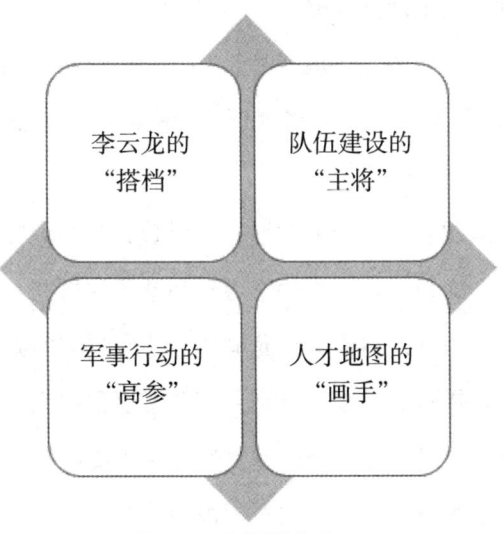

```
┌─────────────┬─────────────┐
│  李云龙的    │  队伍建设的  │
│  "搭档"     │   "主将"    │
├─────────────┼─────────────┤
│  军事行动的  │  人才地图的  │
│   "高参"    │   "画手"    │
└─────────────┴─────────────┘
```

图 2-2 赵刚的角色

【李云龙的"搭档"】

"军事上你说了算,生活上我说了算,但是关乎原则的事情大家谁说了都不算,要协商解决,解决不了的要向上级汇报。"——赵刚

《亮剑》中赵刚与李云龙的第一次接触充满了火药味,李云龙对赵刚这个政委的到来存在极大的排斥情绪。面对李云龙的蛮横与轻视,赵刚既没有选择暴跳如雷地对着干,也没有选择漠然地接受李云龙提出让他当摆设的条件,而是不卑不亢地明确提出"军政分开"——团长主军事、政委管生活的准则。正是这个准则为他们在日后的工作中互为补充、默契配合提供了前提基础,也最终使他们成为亲密无间的战友。

李云龙由于连年征战养成的性格,喜欢喝酒,但作为一名指挥员,喝酒很容易误事,轻则伤肝伤胃,重则贻误战机。赵刚坚决反对李云龙

过量喝酒,但如果硬性约束,很可能激起李云龙的强烈逆反心理,欲速则不达,他就采取了迂回策略。

第一步,学会喝酒,打成一片。"你是秀才,我是农民,如何结合,只有喝酒"。李云龙喝酒时,赵刚也开始喝酒,这就消除了李云龙的排斥心理。

第二步,借题发挥。李云龙向赵刚讨魏和尚当警务员,赵刚借机提出条件:禁酒,加强文化知识的学习。和李云龙打赌,射中五百米开外的日军就禁酒一个月,结果李云龙输了,答应赵刚的条件。

第三步,思想独立,坚持原则。部队撤退到赵家峪休整后,赵刚敏锐地感觉到日军一定要寻找李云龙复仇,必须高度警惕,来不得丝毫马虎。李云龙新婚之夜,当叛徒朱自明极力劝李云龙喝酒时,赵刚坚决反对,并严厉批评朱自明,即使李云龙有意见,他也初衷不改。正是这种坚持,使得在遭到日军特种部队偷袭时,李云龙能够保持清醒头脑,迅速组织突围,避免了更大的损失[4]。

团长负责军事训练等方面的工作,政委负责思想政治工作,在部队中同为首长,享受相同的待遇。两个人都要有自己的立场,但是又不能只坚持自己的立场,可将这种关系概括为对抗与协作。两人的关系直接影响团队的发展,甚至战争的胜败。虽说两人的职责有明确分工,即"团长管军事、政委管生活",但很多时候,界线并不是很明朗,两人的立场和出发点略有不同,容易产生矛盾。但是这些矛盾是必要的、可化解的,一旦解决这些矛盾,就会成为互相信任的搭档。

企业中的政委体制常规设置是,一个业务主管搭配一个政委,政委和业务领导的关系就显得尤为重要。特别是那些没有业务经验的政委可能会引起业务主管和团队整体的反感,若置这种尴尬的关系于不顾,将会失去设置政委的意义。HR出身的政委需要及时补充业务知识,放低

第2章 马云眼中的政委
——《历史的天空》和《亮剑》

姿态,向业务方虚心请教,深入业务一线,尽早熟悉业务流程和盈利点。同时,还需要积极参加业务团队活动,获得业务方情感上的认可。但是虚心请教并不意味着服从,政委还是需要时刻坚持自己的立场不动摇,及时发现业务主管的不足,提醒他应注意的细节。当然,前提是互信。

【军事行动的"高参"】

"好枪法!谁打的?真是好样的!""是赵政委!"

赵刚虽然是知识分子出身,但具有过硬的军事本领和敏锐的军事洞察力,眼光深邃长远。

赵刚在燕京大学读书时,曾被一名射击教练认为是成为狙击手的好苗子,并辅导他学习射击。在攻击日本山崎联队时,他从150米开外,用三颗子弹精准地射杀了日军相继而上的三个重机枪手,有力地掩护了部队向前冲锋,这种高精准的狙击手素质让一向对赵刚书生气质有些偏见的李云龙佩服不已,彻底改变了对赵刚白面书生只会看书、认死理、不会打仗的看法,也征服了独立团的全体官兵。在关家垴战斗中,赵刚与团长李云龙打赌,如果他能用步枪打中500米开外正在架炮的日本士兵,李云龙一个月内不饮酒。李云龙不相信,欣然同意。赵刚略一瞄准,一枪打在正在装炮弹的日本士兵头盔上,立刻一命呜呼。

孔捷:"昨天老李也看出来这帮日军的意图不是我们独立团,是吧,老李。"

李云龙:"嗯,我们也是这么猜,正准备上报呢。"

除了打仗实力，赵刚敏锐的军事嗅觉和独特的军事分析能力，连睿智、傲气的国民党军将领楚云飞都为之折服。初到独立团，他就与李云龙和孔捷分析日军动态：第一，日军确有一批经过特殊训练的战士；第二，旧独立团在战争中败下阵来，伤亡惨重，就是因为这批特种部队；第三，日军特种部队的袭击目标极有可能是总指挥部。这三点可能性分析与李云龙和孔捷的猜测一致，让副团长孔捷对这个"白面秀才"刮目相看。在后来的多次战役中，赵刚都能够在作战计划的制订中提出自己的军事意见，为团长李云龙做出最佳军事决策，取得战争胜利起到了关键性的作用。

"赵兄也是一个血性之人，有燕赵之风，有此等人才，国家幸甚，民族幸甚。"——楚云飞

二战区国民党团长楚云飞奉命作为友军来独立团学习交流，赵刚向其分析忻口之战失败的原因在于未能准确把握战机，适时改变作战策略。并指出国民党军队比较热衷阵地战，缺乏主动出击的精神，在忻口之战中也是采用保守防御策略。若能在日军无力全面攻击之时，国民党军队开始大规模反击，忻口之战的结果极有可能反转。此外，赵刚还详细分析国民党军队最大的问题不在武器，而是领导的指挥能力和部队的"精神"，缺乏军人精神的部队，即使有再精良的装备和再壮大的队伍都不能引导战争走向胜利。赵刚的这番深入分析，令战功卓著的职业军人楚云飞很是震惊，并评价他"有燕赵之风"。

赵刚之所以在独立团有威信，在李云龙心中有分量，主要是因为他善于学习军事理论，并在实践中加以应用，善于总结经验并上升为军事

理论。尤其在李团长擅自出战被撤职后，他能够马上挑起团长重担，有条不紊地指挥和管理。

带兵打仗虽不是部队中政委的常规工作，但是具备一定的军事素养能够为政委开展工作减少障碍，对政委在团队中建立威信具有重要作用。在现代企业中，政委和业务主管搭档，业务主管负责业务增长，政委负责业务发展。政委作为团队领导之一，在指导业务团队工作、辅佐业务主管开展相关工作时，需要具备一定的业务素质。最基本的就是要明白企业的业务模式，即所在企业是做什么生意的，处于生产链的什么位置，产什么，卖什么，怎么盈利；其次就是需要形成用户画像，企业产品的主要用户群体是哪些，留客成本和留存率是多少；最后就是要了解企业的核心产品，企业最赚钱的产品是哪个，技术壁垒和技术革新点分别在哪，竞争优势在哪[5]。但是这并不是要求政委要和业务主管一样，深入分析业务增长点，单纯地追求业务绩效，而是思考"如何将业务做好"，以这种逻辑思维和业务方进行交流，才能产生共鸣，获得业务方的信任。

【队伍建设的"主将"】

"打骂体罚战士这道口子不能开！团长都能拿你当兄弟，你为什么不能拿战士当兄弟？"——赵刚

赵刚作为独立团的政委，他对军队的管理有自己的一套方法，懂得对战士运用人性化的管理方法。孙得胜领导的骑兵连在日常军事训练中存在打骂体罚士兵的现象，赵刚得知后，要求孙得胜禁止体罚战士，要和战士做兄弟，遇到不听话的战士就进行思想教育，以理服人，这样既

可以提高团队的政治觉悟，又可以缓和团队氛围。这一举措体现了政委对战士的关爱，让战士心服口服，建立了政委与战士之间的信任关系。

赵刚："李团长，孙连长的话有几分道理。"
李云龙："不行，骑兵连不能参加战斗。"
赵刚："谁叫你下命令的时候不多加考虑。军令如山倒，如果朝令夕改，对指挥员的权威性是一种削弱。"

独立团合围山崎大队时，李云龙考虑欠佳，本打算独立团全团出击，后考虑到此次战斗是高地攻击战，还是佯战，并不适合骑兵出击，就临时更改军令，禁止骑兵连出战，骑兵连连长孙得胜来气，找赵刚理论。赵刚先是部分支持孙得胜的观点，稳定他的情绪，然后对李云龙进行思想教育，认为擅自修改军令对指挥员的权威和威信有些削弱，而且对战士的心理造成不好的影响，容易造成军心不齐，影响团队纪律和战斗士气。最终李云龙采用赵刚的做法，骑兵连徒步参加战斗，出击顺序排在最后，结果在战斗中，骑兵比步兵的速度还快，为战争的胜利做出贡献。

"我要说的是，不管有再大的牺牲，都是我们必须承受的代价，因为我们是军人，我们肩负着守土抗敌的使命和责任，我们不牺牲，难道还要牺牲我们的父老乡亲吗？""不能！"

在第七次反"扫荡"的动员大会上，赵刚慷慨激昂的语言坚定了战士们想要赢得战争胜利的决心，大大鼓舞了部队的士气。解放战争中，赵刚对国民党俘虏运用攻心计，他列举国民党军队在抗日战争中的经典战例，来激励和鼓励战俘，又用分地的民主政策来说服，以致这些战俘真心归顺。

这些都是政委协助团长进行团队氛围管理的举措，禁止体罚战士、劝服李云龙令行禁止、战前动员大会、说服战俘归顺等，这都是政委职责之内的事，主要目的就是营造良好的团队氛围。很明显，政委的这些行为都在很大程度上缓和了官兵气氛，提高了团队士气，增强了团队凝聚力，扩大了领导影响力。

在企业中，政委作为业务主管的搭档，需要协助业务主管进行团队管理工作，在团队纪律涣散、缺乏激情，或者被领导压榨过度时，政委需要采用各种方式探索更深层次的原因，如采用研习班、书面报告或员工调查的方式，帮助业务主管了解组织内部士气低下的原因。同时有针对性地组织团队活动，营造积极向上、激情满满的团队氛围。

【人才地图的"画手"】

"他徒手干掉四个日本兵，了解到的情况对我们很有价值，我把他带来了。"——赵刚

魏和尚，真名魏大勇，在少林寺当过十年和尚，原中央军七十二师战士，忻口会战中被俘。被前往独立团任职的赵刚救下，赵刚被他的英勇和身手吸引，认为是个了不得的人物，而且还知晓日军的最新情况，对独立团很有价值，就将其带回独立团。李云龙对这个"徒手干掉四个日本兵"的魏和尚很感兴趣，并最终凭借自身的人格魅力让其留在独立团，并且还成为贴身警卫员，在李云龙遇险之时多次挺身相救，是李云龙团队中不可多得的人才。

赵刚作为独立团的政委，为部队引进合适的人才，有利于提高部队战斗力。

"你这叫擅离职守，团长就应该在指挥的位置上，而不是带突击队冲锋，我要是给旅长打电话，非取消你的指挥资格不可。"——赵刚

赵刚的识才能力还体现在将合适的人放在合适的岗位发挥最大效用。独立团合围山崎大队，团长李云龙带领突击队冲锋，由赵刚负责殿后，被赵刚否定。赵刚严肃批评李云龙擅离职守，指出团长就应在指挥的位置上，而不是带突击队冲锋，还搬出旅长吓唬李云龙。李云龙这才答应由赵刚带领突击队冲锋，最终全面剿灭山崎大队。若是按照李云龙最初的计划，可能战争结果会发生变化。赵刚从大局出发，为团队绘制人才地图，将合适的人放在合适的位置发挥最大效益，做到人岗匹配，可以说是团队的"灵魂画手"了。他在全团找出武功过硬的战士组成加强排，平时指导训练，战时就成了突击队，很好地协助了李云龙进行团队管理。

同理，在企业中，为团队募集合适的人才，提升团队的人才资本，是政委的重要工作内容。政委需要把握好企业的成长节奏，了解企业的产品和业务的发展阶段，人才数量与企业发展阶段是否匹配，团队中的人岗是否匹配；其次是要绘制人才地图，团队需要具备哪些素质的人才，人才在何处，何时引进最佳；最后是要完成组织设计工作，现有的组织架构和人员编制是否发挥了最大效用，各岗位之间怎样衔接才最有效率。

三、马云眼中的政委

马云从两部热播影视剧中获得政委体系的灵感,在他看来,张普景和赵刚的角色定位,用通俗的话来说就是:二号人物、闻味官、布道者。

1. 二号人物

常言道:"一乎水,二乎舟,水可以载舟也可以覆舟。"什么样的水可以载舟,什么样的水可以覆舟?抑或,什么样的舟会被水所载,什么样的舟会被水所覆?于是,人们必然要在舟和水的关系当中再度寻觅一种潜在的介质。这种介质就是风!谁是风?团队的"二号人物"是也!——《二号人物》[6]

不管是《历史的天空》中的张普景,还是《亮剑》中的赵刚,都可以称作是军事主官身边的辅佐官,俗称"二号人物"。在阿里巴巴,若业务领导是一号人物的话,政委显然就是二号人物了。通常情况下,人们习惯性地将目光关注于团队中的一号人物身上,一号人物大多被誉为团队中的领路人、决策者、总设计师,自然要占尽团队的风光。但是二号人物的作用不可小觑,在团队中需要"上接天、下接地、中间还要聚人气",他们能上能下、能里能外、能屈能伸、能方能圆,可谓是团队的"灵魂人物"。

二号人物在很多时候既是一号人物的智囊,又是业务上的"副手",同时还是同僚与下属的贴心人。但这并不意味着二号人物就是一个听话的服从者,用"相爱相杀"来形容一号人物和二号人物之间的关系再适合不过。"相爱"体现在阿里巴巴的二号人物对一号人物在思想上、方向上的指引和帮助;"相杀"则表示二号人物对一号人物的业务方面的决策有明显的制衡权,同时,阿里的二号人物在用人、组织文化方面有一票否决权。

作为二号人物的政委需要明确在业务部门的工作之一是在业务上协助一号人物,即从旁协助一号人物把团队管理好,应全力配合一号人物的业务工作,因此二号人物只有参谋权、建议权,决策权在一号人物,他只是从旁协助,帮助一号人物做出正确的决策,二号人物需要拿捏好这其中的分寸。可以将一号人物和二号人物的关系比作船长和舵手。船长负责把船开好,确保船上人员的安全,顺利到达彼岸;而二号人物作为掌舵人,需要提醒驾驶员不要疲劳驾驶、超速行驶,为船长提供一条快速到达彼岸的航线。因此,二号人物也要了解业务,取得业务部门人员的信任是二号人物是否能够融入业务部门的关键。简单地说就是,二号人物既能成为业务合作伙伴,又能让业务部门的人员把你当成他们的合作伙伴,在此基础上二号人物才能发挥专业的影响力,通过你的努力对业务部门的人员产生影响。

在业务方面,二号人物只能起到辅助作用,但是一旦涉及与人相关的工作,二号人物便具有绝对否决权。二号人物要熟知团队建设的运作,懂得通过什么途径培养一个团队的凝聚力、向心力,通过企业文化的管理向业务部门的每一个人灌输一种"整体"的意识。二号人物在业务部门的工作之二就是为业务部门或团队做好思想战线的工作,确保业务团队与企业价值观保持一致。政委的职责是十分明确的:阿里巴巴业务部门的二号人物在公司的地位和受认可度很高,在文化和团队建设方面具有否决权,一号人物在做出重大业务决策或人事任免之前需要征求二号人物的意见。

一号人物本身通常是业务出身,所以凡是与业务相关的工作都是一号人物的工作职责,一号人物和二号人物是有明确分工的:一号人物只管销量、管市场、管采购,二号人物则是管业务里面与人相关的工作,帮助一线团队经理解决个人或团队问题,参与业务团队的业绩评价,纠正业务线的错误做法,以确保符合公司道德和价值观要求。这就能够发挥各自所长,为提高业务部门的工作效率提供最佳的人力资源配置[7]。

2. 闻味官

"阿里巴巴是一个让小人物成就大梦想的地方,它有属于自己的味道,我们称之为'阿里味儿',并以此来滋养身处其中的每一个人。"——马云

闻味官,源自于阿里巴巴,阿里给出的定义是"在人才招聘的面试中专门设置的评估应聘者的价值观是否与应聘岗位相符的考官"。每个组织都有自己的气场,管理者既要有敏感度和判断力,又要懂得望闻问切——望:透过现象看本质;闻:感受,闻气味;问:沟通;切:以小见大,切中要害。

在阿里巴巴,面试最后一关一般会放一个工作5年以上的阿里人。

负责和面试者聊天，聊爱好、聊家庭……聊天内容不限，在聊天过程中"嗅"出你是否有"阿里味"。"阿里味"其实就是阿里巴巴的价值观，所谓"不是一路人，不进一家门"，阿里巴巴要找的是志同道合之人。"志""道"是需要要靠直觉去感受的，直觉是看一个人潜意识里所散发出来的东西，他的能量和价值观。信任一个人需要三年，而喜欢一个人只需一秒。让人钟情于你是种本事，是种与生俱来的气质。有时候，知觉比其他判断还要准确。

在招聘环节，闻味官会测试面试者的价值观是否符合阿里巴巴的标准，这是对公司和员工负责的表现。会设计一些问卷，来确定他（她）做选择时的想法。比如会询问面试者，在前公司工作（实习）期间，和他配合最好的人和配合不好的人是谁。对于这些问题，面试者是很难掩饰内心的真实想法的。

闻味官不只存在于面试中，进入阿里巴巴之后，闻味官还需要定期对员工进行价值观考核，每个季度对员工绩效考核的时候，价值观绩效占到50%，与个人业绩同样重要。马云认为，团队凝聚力取决于领导者，领导者需要在成员取得成绩时多加鼓励，成员犯错误的时候多加指导。有凝聚力的团队都是"团长"站在前面，去观察、去闻味道。

阿里巴巴的闻味官是为企业挑选合适的人才、符合企业价值观的人才，在面试中对就对员工的价值观取向进行严格审核，避免发生"用人部门急于开展工作而忽略价值观考察"的情况。同时还能够及时满足业务部门的用人需求，在人力资源规划、人才培养等方面提供支持，为业务部门在人力资源优化配置方面提供最佳方案。

3. 布道者

"六脉神剑"——客户第一、拥抱变化、团队合作、激情、诚信、敬业[8]

布道最早源自于神学，指宣传基督教的教义。在现代企业管理中，布道者可以理解为企业文化的践行者和传承者，阿里巴巴是重视企业文化建设的企业，政委在阿里巴巴中充当的角色就类似布道者，全力践行并传承企业文化。布道，布的是阿里巴巴的企业文化。热爱金庸作品的马云将阿里巴巴的企业价值体系定义为"六脉神剑"。

【客户第一】

马云的原则是"客户第一，员工第二，股东第三"。他要求员工永远记住，没有客户的支持，阿里巴巴是不会走到现在的。阿里巴巴对于客户第一的解释是，在坚持原则的基础上，用客户喜欢的方式对待客户。为客户提供高附加值的服务，使客户资源的利用最优化。平衡好客户和公司利益，寻求并取得双赢。关注客户的关注点，为客户提供建议和资讯，帮助客户成长。

马云讲过，创建阿里巴巴不是要自己生产百万富翁，而是要帮助客户成为百万富翁。坚持客户第一，只有客户成功，阿里才会成功。阿里不是为利润活着，只有让客户成为百万富翁千万富翁，然后我们才会有利润。

【团结合作】

阿里巴巴的业绩，阿里巴巴的团队，阿里巴巴的整体，这些是树立阿里巴巴在市场上的威信的基础。能干不是因为个人，而是团队，不管是以前的团队还是现在的团队，团队的力量促成了你的成功。马云曾讲过黄药师的例子：你武功很高，别把青筋暴露出来，人家会防你。

【拥抱变化】

马云在2008年湖畔学院的讲话中提到，阿里巴巴最独特的一点就是拥抱变化。但是，变化是很难的，尤其在好的时候要变化更难。拥抱变化是一种境界，是一种创新。拥抱变化是在不断地创造变化。变化有的时候是为变而变，但更多的时候你要比别人先闻到气味不对。这个时候就属于创造变化，为了躲开想象中的灾难，为了抓住想象中的机会，要不断地去调整。"拥抱变化"的学问非常深，因为它是创新的体现，也是一个危机感的体现。一个没有拥抱变化、创造变化的人是没有危机感的，一个不愿意去创造变化和拥抱变化甚至是变化自己的人，我不相信他会有创新。变化是最可能体现创新的[9]。要想这个公司走得远，人才、制度、文化、学习，无一不要拥抱变化。

【激情】

阿里巴巴企业文化中对于"激情"的阐述是：乐观向上，永不言弃；对公司、工作和同事充满热爱；以积极的心态面对困难和挫折，不轻易放弃；不断自我激励，自我完善，寻求突破；不计得失，全身心投入；始终以乐观主义精神影响同事和团队。马云眼中的激情是"你可以失去一个项目，丢掉一个客户，但你不能失去做人的追求。这就是激

第2章 马云眼中的政委
——《历史的天空》和《亮剑》

情。我失败了我再来,失败了我再来,好,那叫激情,直到打通为止"。阿里巴巴的价值观体系由"独孤九剑"变成"六脉神剑",唯一留下来的就是激情。

年轻的团队容易产生激情,但更容易因挫折而失去激情。短暂的激情只能带来浮躁和不切实际的期望,它不能形成巨大的能量;而永恒持久的激情会形成互动、对撞,产生更强的激情氛围,从而造就一个团结向上充满活力与希望的团队。

【诚信】

马云认为,小企业成功靠精明,中等企业成功靠管理,大企业成功靠诚信。诚信问题不是恢复诚信,而是建设诚信,很多CEO谈诚信,他们谈的不是和中国企业同一层面的诚信,诚信是最大的财富。同时,马云还强调对客户的诚信,阿里巴巴从不给客户回扣。一经查出,立即开除。中小企业赚钱不易,再培养他们的员工拿回扣,不是在害客户吗?

2011年1月,马云发现阿里内部员工涉嫌欺诈,调查结果显示,2009年到2010年,分别有1219名及1107名阿里巴巴会员涉嫌诈骗全球买家,并有迹象表明,阿里巴巴的员工为追求业绩会协助欺诈公司规避认证环节加入阿里巴巴平台。调查结果让马云在为震怒,2011年2月21日,马云以内部邮件的形式向全体员工宣布B2B公司CEO卫哲、COO李旭晖引咎辞职的消息。在邮件中马云写道:"对于这样触犯商业诚信原则和公司价值观底线的行为,任何的容忍姑息都是对更多诚信客户、更多诚信阿里人的犯罪!"

【敬业】

所谓敬业,就是要尊重自己的工作,满腔热情地投入其中,对工作尽职尽责，以专业的态度和平常的心态做非凡的事情。只有这样的员工才是阿里巴巴真正需要的。只要工作需要就必然全力以赴，这样的团队是不会失败的。阿里巴巴企业文化中对敬业的阐述是：今天的事不推到明天，上班时间只做与工作有关的事情；遵循必要的工作流程，没有因工作失职而造成的重复错误；持续学习，自我完善，做事情充分体现以结果为导向；能够根据轻重缓急来正确安排工作优先级，做正确的事；遵循但不拘泥于流程，化繁为简，以较小的投入获得较大的工作成果。

马云认为政委在企业中充当的是布道者的角色。阿里巴巴在团队建设和文化管理方面成为其他企业的典范，这很大程度上是布道者的功劳。马云自己是阿里巴巴最大的布道者，细分到具体的业务部门，每个部门的政委就是布道者，主要是推动阿里巴巴的企业文化和价值观的落地。阿里巴巴是一锅老汤，很多东西都是要言传身教。文化，说简单了，就是我们这群人为什么聚在一起，是一个比较虚幻的东西。布道者就需要对这些东西有深刻感知，身体力行，并深入浅出地灌输给团队成员。

本章参考文献

［1］徐贵祥. 历史的天空 [M]. 北京：人民文学出版社，2004.

［2］都梁. 亮剑 [M]. 北京：解放军文艺出版社，2000.

［3］灯塔与北极星——从《亮剑》人物赵刚浅谈信仰与原则的关系 [EB/OL]. [2009-11-16].https://book.douban.com/review/2757941/#comments.

［4］刘玉敏. 一代儒将典范——谈《亮剑》中赵刚形象 [J]. 语文学刊，2009（5）：60-61.

［5］陈祖鑫. 老板眼中的 HRBP 是什么样？[EB/OL]. [2017-03-21]. http://www.hr.com.cn/p/1423416002.

[6]金沐灶. 二号人物[M]. 北京:西苑出版社,2001.

[7]王泽强. HRBP:如何做好业务人员的业务合作伙伴[EB/OL]. [2015-05-05]. http://www.hrloo.com/rz/13525426.html.

[8]纪子义. 马云如是说2[M]. 北京:中国经济出版社,2009.

[9]阿里巴巴集团. 马云内部讲话[M]. 北京:红旗出版社,2010.

第3章 阿里政委与文化对接

阿里巴巴一直主张：企业文化要做到"润物细无声"，不要挂在墙上，而要印在员工心里；不依靠任何大张旗鼓的宣传，而要在细节处施以点点滴滴的影响，浸润每一个员工。不管公司如何发展，阿里巴巴的企业文化宗旨是不变的。政委的本意就是阿里巴巴文化价值观的代言人、布道者，言传身教，树立一整套标杆。政委打造企业文化的主要手段就是把虚的做成实的，实的做成虚的，润物细无声。

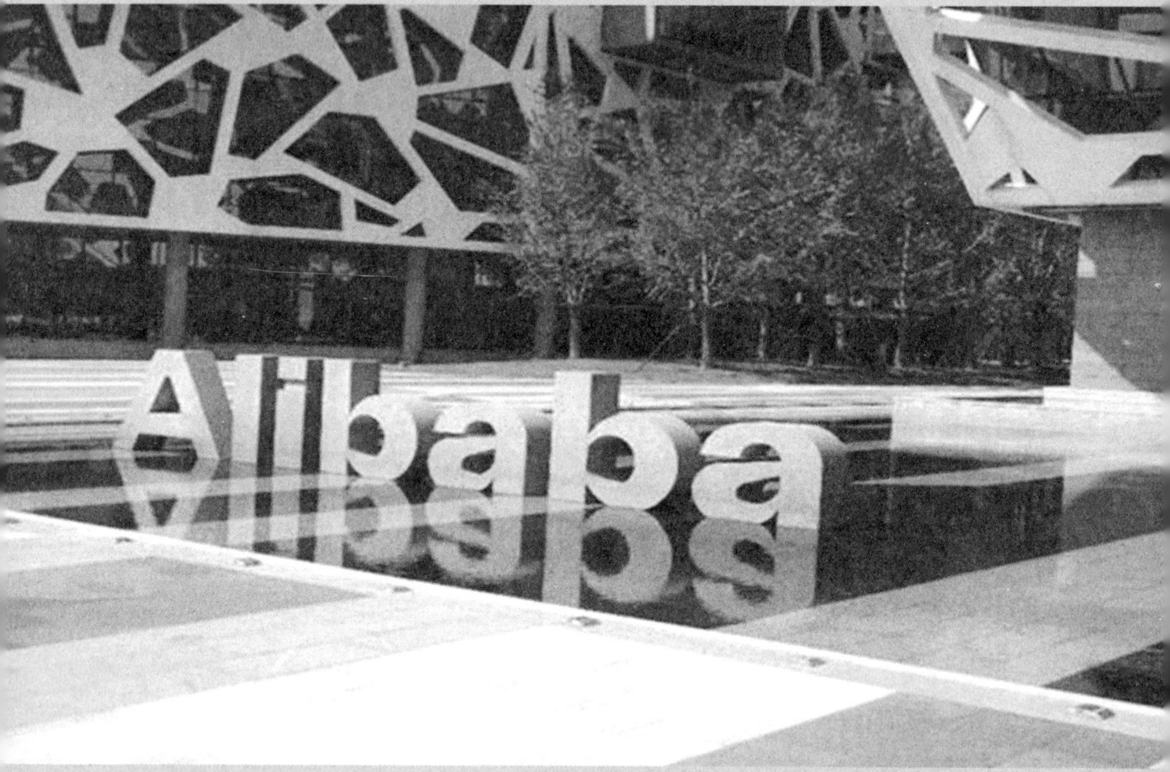
Alibaba

一、"长"出来的阿里文化

阿里巴巴的企业文化能够发展到现在这种程度并不是一蹴而就的，也不是一成不变的，而是企业发展的直接产物，是为企业的进一步发展服务的。阿里巴巴的不同发展阶段具有不同的企业文化。可以说，企业文化不是造出来的，而是随着企业的成长慢慢"长"出来的。从创立到现在，阿里巴巴的企业文化经过了校园文化、铁军文化和互联网文化，如图3-1所示。

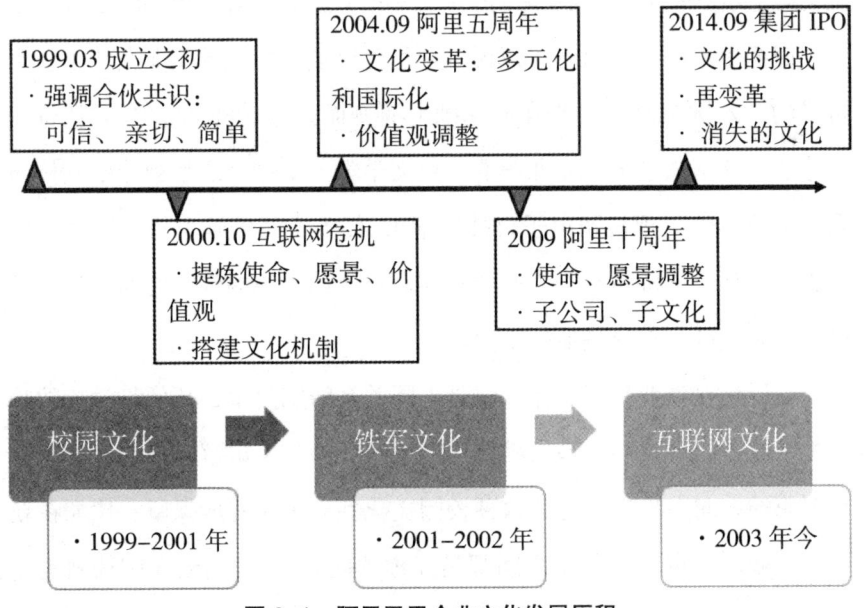

1999.03 成立之初
· 强调合伙共识：可信、亲切、简单

2004.09 阿里五周年
· 文化变革：多元化和国际化
· 价值观调整

2014.09 集团IPO
· 文化的挑战
· 再变革
· 消失的文化

2000.10 互联网危机
· 提炼使命、愿景、价值观
· 搭建文化机制

2009 阿里十周年
· 使命、愿景调整
· 子公司、子文化

校园文化 → 铁军文化 → 互联网文化
· 1999-2001年　　· 2001-2002年　　· 2003年今

图3-1　阿里巴巴企业文化发展历程

1. 校园文化

2000年在湖畔花园创业时期，当时的阿里巴巴还没有明确的企业文化，只有"十八罗汉"在实践中总结出的口号：可信、亲切、简单[1]。

可信，就是现在"六脉神剑"中的诚信，"诚信通"可以说是这个口号产生的直接效果。

亲切，讲的就是阿里巴巴和客户之间的关系要像家人一样亲密无间，做生意不能丧失人情味。

简单，包含两个方面意思：一方面是说阿里巴巴的产品必须要设计简单，满足普通商人的需求；另一方面是说阿里巴巴内部员工关系要简单，坚决禁止办公室政治，员工之间关系要和谐，避免将私人恩怨带入工作中。

简简单单的六字口号可以说是阿里巴巴创业阶段的企业文化了，现阶段的"六脉神剑"也是在此基础上演变而来。1988年，马云从杭州师范学院外国语系英语专业毕业，获文学学士学位，之后被分配到杭州电子工业学院（现杭州电子科技大学），任英文及国际贸易讲师。1995年3月，马云从杭州电子工业学院辞职，开始了他的创业之路。最初的创业团队成员大部分是他的学生。

虽说是在创业公司工作，但是人际关系特别简单，还像是学校的师生关系或者同学关系。马云满腔热情地跟他的学生讲解未来的商业模式和创业的方向。阿里巴巴的这种校园文化到后来还有所保留，比如在新人的入职培训期间，员工之间都是互称"同学"。而马云在卸任阿里巴巴CEO之后也是热衷于到世界各地的大学讲课，最喜欢别人对他的称呼还是"马老师"。

2. 铁军文化

阿里巴巴最早是做 B2B 业务的，主要的产品有两个：中国供应商和诚信通。中国供应商就是现在所说的"中供"，是基于阿里巴巴国际网站，向海外买家展示企业和产品的全新外贸推广服务。依托全球浏览量第一的商贸网站、庞大的买家群体和全方位海外推广，企业可以借助中国供应商系统将产品打入全球市场[2]。"中供"主要针对出口企业，从 B2B 起家的阿里巴巴，依靠着挨家挨户的地推团队，培育了中国第一批触网商家，也塑造了一大批阿里高管和创业 CEO。

诚信通是建立在阿里巴巴上的摊位，通过这个摊位，国内商家可以在阿里巴巴这个全球最大的贸易市场直接宣传并销售产品。诚信通主要用以解决网络贸易信用问题。诚信通主要针对国内企业，这个产品主要有两支销售团队——直销团队、电销团队。当时阿里巴巴的主要营业收入是来自这两个产品。那个时候形成了以销售为导向的铁军文化，主要特征就是高执行力、高激励和高乐观。

【高效、精细的销售运作机制是铁军"利器"[3]】

阿里将整个销售过程划分至十分精细的流程，销售人员只需按照步骤操作即可。首先，如何保证销售线索被高效跟进？阿里投下重金挖掘线索，阿里 CRM 系统将线索池中的销售线索分给销售后，若特定时间内销售并未跟进，线索则会被收回并分配给其他同事，如此无形之中就给一线销售施加压力，拿到线索后，必须尽快跟进：要么转换为客户，要么关掉销售线索。

其次，为保证线索分配合理性，管理层每天通过CRM为每个销售人员分得30~50个客户，若销售人员认为某条销售线索有更高的成单概率，可放进自己的私池，但同时需要从自己客户私池里退回相应数量的客户线索。这样做的好处是：一是让销售人员集中精力到所分配客户的身上，集中攻破最可能成单的潜在客户，提高成单概率；二是让没有任何资源积累的销售新人可以从销售线索池中提取线索，杜绝"销售大侠"大包大揽而新人销售无处着手的现象。

"铁军文化"又是阿里巴巴企业文化中非常醒目和特别的一块，是有自己强烈个性的一块。用"阿里铁军"人自己的感觉来说，他们是保留了早期阿里巴巴文化最完整、最"原始"的团队，或者说，是"阿里味儿"最浓的一块。

3. 互联网文化

阿里巴巴的企业文化开始大规模形成是在2003年淘宝成立后，淘宝的营销模式和阿里巴巴B2B是完全不一样的。B2B业务主要是直销团队采用地推的方式进行营销，业务员做的是劳动密集型工作；而淘宝成立之后，商业模式更多地偏向B2C、C2C，同样是电商，淘宝时期的电商是技术密集型的，用的也是互联网的销售模式。一种新的文化在慢慢诞生，而这个文化是更接近于互联网的文化。

只有到淘宝开始形成之后，所产生的一些文化才开始带有互联网的特色，正是因为所组成的人群特点不同而形成的。

二、阿里巴巴子文化——阿里橙

阿里巴巴迅速扩张之后，各个子公司开始形成自己的独特的文化，丰富了阿里巴巴的企业文化内容，这些文化构成了阿里巴巴的"阿里橙"文化。其中，"橙核"当然是阿里巴巴的共同价值观——六脉神剑，"橙肉"就是各个公司的文化，"橙皮"就是子文化的外显形式。阿里橙是阿里巴巴定义和传递企业文化的独特工具，如图3-2所示。

图3-2　阿里巴巴子文化——阿里橙

1. 阿里 B2B——笑脸文化、Fun 文化

【笑脸文化】

当你走进阿里巴巴，你会发现每个人的脸上都是挂着微笑的，并不是因为他们的薪资有多高，而是企业文化所致。阿里巴巴有很多企业文化，根基最深的就是阿里巴巴 B2B 部门的文化，最有代表性的就是笑脸文化了。仔细看阿里巴巴的 logo 的话就会发现，在代表"第一"的字母"a"的背后还藏着一张笑脸。阿里巴巴还被誉为"中国笑脸最多的"互联网企业。在马云看来，阿里巴巴最大的财富就是阿里人，没有什么比投资员工更有价值。阿里巴巴认为，员工工作的目的不仅仅是薪水，更多的是工作过程愉快，工作环境舒服，最重要的就是要快乐地工作。在阿里巴巴，员工可以穿旱冰鞋上班，也可以随时去马云的办公室。每个人都可以在公司开展娱乐活动，如羽毛球、篮球、摄影、"杀人"游戏、车友、电影等活动，组成兴趣小组——"兴趣派"。其中，"阿里十派"最为有名[4]。

"阿里十派"，原来指的是阿里巴巴的 10 个员工俱乐部，分别有足球派、宠物派等，现在已发展到 16~17 个"派"，是阿里巴巴最大的员工虚拟组织，每个员工都能对号入座找到自己的"组织"。员工们各显神通，在内网上发展会员、组织活动。活动的照片就展示在各种文化墙上。

【Fun 文化】

在阿里巴巴有句口号是"work with fun"，因为阿里巴巴以年轻人为

主，员工的平均年龄在30岁以下，都比较有活力，无时不刻都想搞些新鲜的东西。比如在新员工的入职培训期间设置独特的迟到惩罚项目，迟到者需要在全体学员面前跳钢管舞之类。"Fun文化"有时又称为"骚文化"，阿里巴巴每年的年终员工大会都要评选"十大明骚"和"十大暗骚"，重金奖励。这里的"明骚"和"暗骚"是指性格上的区别，只有为企业做出了重大贡献的人，才有资格享有此称号，每年阿里巴巴无数员工为得到这些称号而努力奋斗。

2. 淘宝网——倒立文化、武侠文化、店小二文化

【倒立文化】

淘宝网的"倒立文化"比较出名。"倒立文化"的由来是淘宝在创立之初正好遇上"非典"，为了防止被感染，创业团队成员被隔离至湖畔花园。由于创业过程比较艰辛，为了保持身体健康，同时活跃一下工作氛围，在狭小的空间中可以做的室内运动就是"倒立"。大部分人表示倒立之后看事情的角度就不一样了，有些想不通的问题顿时豁然开朗。"倒立文化"是指换个角度看问题，颠覆传统，你会有不一样的收获。另外，当时的淘宝网的存在就是颠覆传统，以挑战者的姿态进入市场，要和已经十分强大的竞争对手Ebay进行市场博弈，犹如蚂蚁撞大象，如果从传统思维看这个问题的话就很容易失去方向，变得迷茫。倒立反而可以引导人们用不一样的角度去观察世界。由此来看，"倒立文化"也很符合当时淘宝网在市场上的处境。而"倒立"看世界，也让淘宝网一直保持着旺盛的创新力。所以现在倒立成为员工入职必需的一项技能，进入淘宝，先是培训一周，除了学习企业文化，必须学会倒立。

一周后，有两个小时的结业典礼，学员都要倒立。如果学不会，就要再培训一周。男性员工保持倒立姿势 30 秒，女性员工保持 10 秒才算过关，淘宝网从 2004 年开始每年都会举行倒立比赛。

【武侠文化】

在淘宝内部每一个人都不会直呼对方真名，而会用花名代替。第一次踏入淘宝的人，都会觉得很奇怪，因为接待你的人递过的名片，名字下面还有一行绰号——花名。大部分员工桌面上的名牌都印着两个名字，一个是真名，另一个是花名。这个花名都是源于金庸武侠小说中的名字。进入淘宝公司，就能看到接待外部来访者的会客室，门上都写着"桃花岛"，会议室门上写着"灵鹫宫"，VIP 办公室则是"光明顶"。在这个几百平方米的办公室里，可以让人暂时忘记外面的世界，行走于金庸创造出的武侠世界，抬头所见的人物都是张三丰、萧峰、郭靖等大侠或语嫣、小昭等美女。这些花名成为淘宝员工在淘宝网上唯一的 ID，所有的会员只需要在淘宝旺旺上加上他们的名字，便可以直接与他们对话。可以看出，马云很显然是想在其员工中培养出一种侠义的精神，一种虽然只出现在武侠世界中，但是在现实社会中因为稀缺而显得更加弥足珍贵的价值观。

另外，员工在工作中用花名，生活的时候用自己的名字，这会让我们感受到生活和工作的不同。这样，工作的压力不会带到生活中，生活的烦恼也不会带到工作上，这正是淘宝提倡的"快乐工作，认真生活"。在淘宝的企业文化中，从形式到内容，都体现出一种很明显的武侠文化，淘宝的客户来自五湖四海，马云希望用金庸文化作为切入点，真正能够打造出一种最美好的秩序，行侠仗义、公平、合理、互利互信。

【店小二文化】

在淘宝原来的雏形中，熙熙攘攘的 BBS 交流孕育出一种茶馆式结构。店小二就是指那些为网站服务的员工，店小二的称呼给顾客传递了这样一个信息：顾客至上，要给予顾客充分的尊重和最好的服务；同时也让那些提供服务的白领们降低自己的身份，在服务中找准自己的定位，为顾客提供最周到的服务。在电视、电影中可以看到，以前的那些茶馆、饭庄的小二，看到客人就打招呼，照顾得非常周到。淘宝这样做就是希望员工们可以学习旧时代店小二那种殷勤好客的服务态度，店大欺客的情况绝对不会在淘宝中出现；而管理者也要以一种服务心态来对待自己的员工。

3. 支付宝——手印文化、裸奔文化

2004 年，马云和他的团队开发了一个针对淘宝网的电子支付平台——支付宝。支付宝作为一种电子支付工具，涉及顾客的财产安全，为了让更多的顾客能够放心使用支付宝，马云要求支付宝团队在三年之内不用考虑盈利问题，将重心放在信任建设方面，并推进信任文化的建设。

【手印文化】

"手印文化"就是，支付宝入职满 1 年的员工在盾牌上摁上自己的手印，写下对公司的感言，将盾牌挂在墙上。盾牌上的手印就意味着对交易客户的安全承诺[5]。支付宝的"手印文化"其实也是员工的成人礼，只要摁上手印，员工就要承担起对客户的责任。从这个角度看，

"手印文化"作为一种企业文化具有极强的个体指导意义。

【裸奔文化】

随着支付宝的线上交易额的迅速增长,当一个项目按期或超额完成时,为了向员工表示庆祝,该项目的负责人会只穿一条短裤钻桌子、在公司楼内跑上一圈,这就是支付宝的"裸奔文化"。支付宝"裸奔文化"源自 2006 年支付宝一天交易额突破 700 万元,兴奋的同事们将资深技术员邱昌恒(花名"苗人凤")的 T 恤扒了,使他不得不在办公室里"裸奔"。自此,每当交易额突破一个高度,同事们都会推选出一个有特别贡献的人进行"裸奔"庆祝[6]。公司管理层把"裸奔"当成一剂团队融合的良药,下属员工把完成项目后可以正大光明、开开心心地驱动项目负责人"裸奔"当成对自己的犒劳。"裸奔文化"不但纵向融合了团队,还调动了团队成员的积极性,在嬉戏玩闹的过程中,团队成员之间的隔阂随之减小。闲暇之余,管理人员能够有更多机会去倾听下属员工的心里话,并采纳他们的合理建议。

4. 阿里软件——红军文化

2007 年 1 月,经过 3 年多的筹划,阿里软件正式成立。阿里软件的任务是通过"在线软件服务"(SAAS)的形式,帮助中小企业做好公司内部的管理,"让天下没有难管的生意"。阿里软件创立之初,情况和中国红军长征比较相似,处于一种有理想、有困难的境地,"红军文化"所提倡的就是,搞技术如同红军爬雪山、过草地一样,在非常艰苦的情况下也要闯出一条新路来的奋斗精神。

三、融入阿里文化路漫漫

阿里巴巴的企业文化根基深厚,但是随着集团规模扩大,阿里人持续增加,企业文化要怎样才能保持"原味",继续发挥对阿里人的行为指导作用,这就需要阿里政委做好企业文化的实践与传承。阿里政委作为企业文化的布道官和传承者,需要时时刻刻进行企业文化和员工自身价值观的融入工作,主要反映在招聘、入职和实战环节,如图3-3所示。

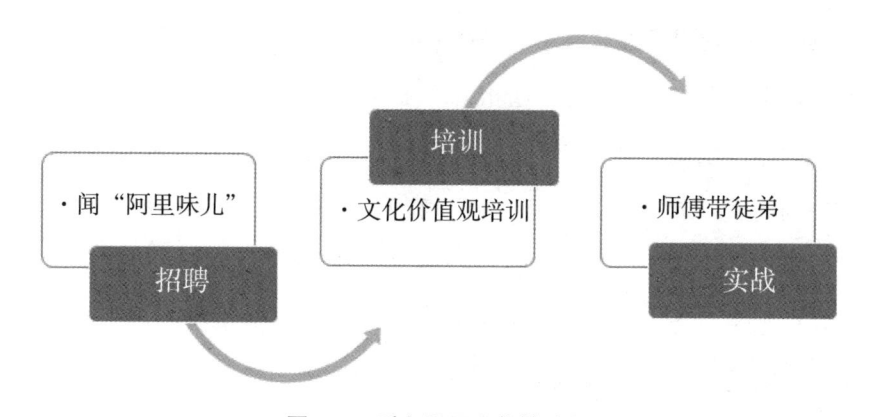

图 3-3 融入阿里文化的流程

1. 广纳有"阿里味儿"之士

阿里巴巴对企业文化的践行贯穿整个人才培养环节,被大众所知的可能就是阿里巴巴在招聘环节设置"闻味官"。招聘员工,先"闻味道"，看看与阿里巴巴倡导的核心价值观是否贴合。"闻味道"和一般企业的结构化面试不同，主要就是闲聊，闲聊最能反映应聘者的真实状态和想法，从闲聊当中，"闻味官"就能感觉到面试者和组织的味道是否相同。"阿里味儿"是和文化价值观紧密联系的，但是又是看不见、摸不着的东西，全凭员工自己感悟，每个阿里人对"阿里味儿"的理解不同，有人认为"阿里味儿"就是"平凡人做不平凡的事"；有人认为是"一方有难，八方支援"；还有人认为是"快乐生活，认真工作"。但是不管怎样理解，"阿里味儿"是离不开"六脉神剑"这个核心价值体系的。

下面这则故事就直接说明了阿里巴巴找的是有怎样味道的人。

阿里巴巴曾经面试了1名结构师，有过两年炸油条的经历，后来自学计算机。2013年，这个人成为阿里巴巴P9级别的结构师。这件事告诉我们，阿里巴巴并不会在乎你以前做过什么，只在乎你今后想做什么，在乎什么，阿里巴巴永远相信平凡人能够做出不平凡的事。

阿里巴巴的"阿里味儿"并不仅仅表现在新员工的面试过程中，它在对待离职员工时也充满"阿里味儿"，阿里会为离职员工建立正式官方沟通平台——阿里校友会。通过这个平台，大家可以时刻了解公司的业务动态，阿里百川的项目也可以从这里链接离职员工的创业项目。每逢阿里日，校友们常常都会组团回家，校友见面会上，马云和很多高管都会与大家话家常，关心大家的发展。虽然离职了，但在每个特殊的日子都会收到阿里的温馨祝福，让你感受到，一日阿里人，一生阿里情。

2. 上文化课

根据阿里巴巴人力资源的调查，一般新员工都要经过 1~3 个月才能融入公司文化。为了贯彻企业文化，新员工加入阿里巴巴时，需要在杭州总部参加"百年大计"的新生培训，长则 30 天，短则 20 天不等；受训阶段，新员工将接触到三大类培训，即文化制度类、产品知识类、技能心态类，这三者的课程比例分别是 42%、28%、30%。企业文化方面的培训比重最大，主要包括对普通员工的百年阿里、百年淘宝培训，以及针对销售人员的百年诚信培训。课程的重点集中于公司的远景目标、使命和价值观。而且，在以后定期的培训课程、团队建设训练和公司活动中还要强化这些内容。在这个培训当中，大家都以同学相称，这种称呼方式可以让员工迅速熟悉起来。

这个"百年大计"已经举办了 100 多期，累计受训达 1 万多人。所以，人们称这个"百年大计"为"阿里军校"，它也是整个阿里文化的发源地。也就是在这里，每一位新进员工都能够近距离接触公司的高管，包括马云，因为那是他们的上课任务，没有比以身作则、身先士卒更好的辅导了[7]。

3. "老人"影响新人

在新人的培训中，除了必要的文化培训课之外，他们还有机会与工作 8 年以上的员工进行经验分享、与高管面对面，来传递阿里的文化与历史，培养认同感，塑造价值观，建立新员工与组织历史、文化的连接。新员工们以此可以更快地感受到来自这些高管以及讲师们的文化价值观。单靠这还不足以让每一位阿里人都正确理解和认知价值观，于是当新员工被分配到前线市场区域后，首先会有主管、经理以及HR组成的核心管理团队为他们再次做多元化的辅导和培训。

除了"老人"的经验分享之外，阿里巴巴为了更好地传承文化，保证企业原有的味道，特意推出了师徒制，新进入的员工都会得到指定师傅的一对一指导，师傅言传身教，在日常的示范中将企业规章制度渗透给新员工，并在其出现违规倾向时给予提醒和纠正，让新员工能够更快地融入阿里巴巴。师徒制在阿里巴巴后来发展成了主管制。

四、阿里文化的落地招式

企业文化的落地实施是一项系统工程，最关键的还是要改变员工的思维，将"要我做"变为"我要做"，将企业文化融入每位员工的血液里。企业文化建设一直都是阿里巴巴集团发展过程中的重要任务，具体打造的重任自然落在了文化布道官——政委的肩上。阿里政委在打造企业文化过程中有自己的门道，总结起来有六大工具，称为"六化"，即价值观量化、仪式固定化、文化道具化、内容可视化、案例故事化、激励特殊化，如图3-4所示。

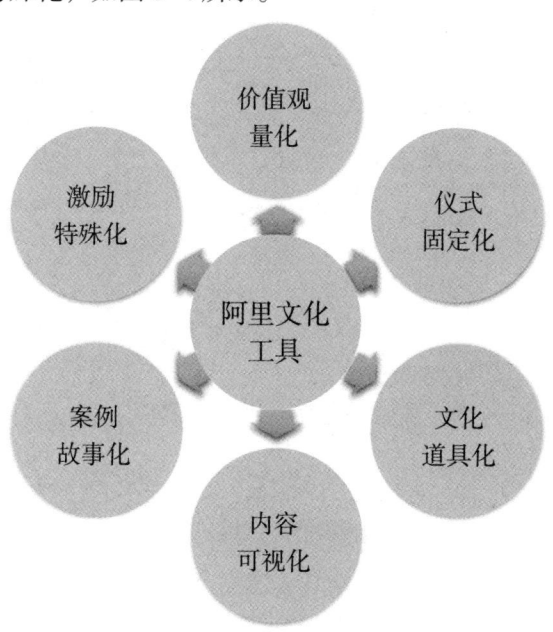

图3-4 阿里文化落地招式——六化

1. 价值观量化

阿里巴巴的所有企业文化的核心是称为"六脉神剑"的企业价值观，六条企业价值观被具体化为一个金字塔形。金字塔的顶端就是"客户第一"，这是所有员工都不能触碰的底线，金字塔第二层就是"团队合作""拥抱变化"，金字塔最底层就是"诚信""激情"和"敬业"，这是员工应该具备的最基本的素质。这六条规定构成了阿里巴巴的价值观体系，也是阿里巴巴员工不可破坏的"帮规"[8]。2001年的集团战略工作会议上，阿里巴巴将其价值观体系作为"制度化"建设提出来，使之成为一个可以诉诸文字的"基本法"。因此，公司不仅在录用员工的时候遵照这个标准，而且在每个季度对员工进行考核的时候，价值观绩效也占到50%，与个人业绩重要性同等。据介绍，从2007年开始，这一标准由总监以下级别，进一步扩展到包括总监、副总裁级别的所有员工中。具体来说，"六脉神剑"是考核总监以下员工的，每月一次；而从总监往上的高管，则用"九阳真经"来考核，半年一次。"九阳真经"是在"六脉神剑"的基础上，增加了对领导力的三项特殊要求：眼光、胸怀、超越伯乐，如图3-5所示。

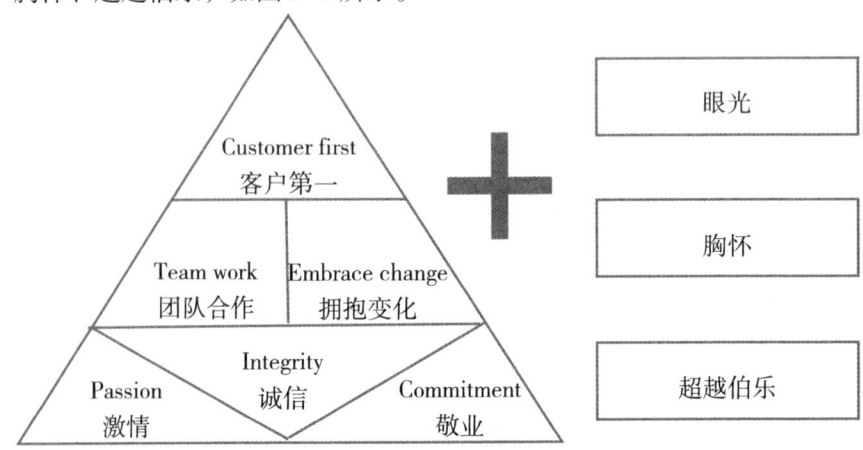

图3-5 阿里巴巴的"六脉神剑"&"九阳真经"

阿里巴巴的员工在进行绩效考核时，价值观和业绩各占50%。这就涉及到价值观的量化问题，将价值观和员工最关心的"钱袋子"直接挂钩，最终将价值观放进员工心里，真正融入员工的血液里。价值观代表的是公司的企业文化，企业文化是一个比较"虚"的东西，怎样将虚的价值观落到实处，这就需要制定详细的行为准则来进行衡量。比如"六脉神剑"中的第一脉是"客户第一"，怎样才能练好这项剑术？怎样才算是做到了"客户第一"？阿里巴巴将"六脉神剑"具体细化到每条评价标准，彻底将虚的做成了实的。

【考核标准】

阿里巴巴的"六脉神剑"每一脉有5项，共30条考核细则，每条价值观满分为5分，1~5分都对应着详细的行动指南，具体规定如表3-1所示。

表3-1 阿里巴巴的价值观评分标准

分值项目	5分	4分	3分	2分	1分
客户第一（5分）	具有超前服务意识，防患于未然	站在客户的立场思考问题，在坚持原则的基础上，最终达到客户和公司都满意	与客户交流过程中，即使不是自己的责任，也不推诿	微笑面对投诉和受到的委屈，积极主动地在工作中为客户解决问题	尊重他人，随时随地维护阿里巴巴形象
团结合作（5分）	有主人翁意识，积极正面地影响团队，改善团队士气和氛围	善于和不同类型的同事合作，不将个人喜好带入工作，充分体现"对事不对人"的原则	积极主动分享业务知识和经验；主动给予同事必要的帮助；善于利用团队的力量解决问题和困难	决策前发表建设性意见，充分参与团队讨论；决策后无论个人是否有异议，必须从言行上完全予以支持	积极融入团队，乐于接受同事的帮助，配合团队完成工作

续表

分值 项目	5分	4分	3分	2分	1分
拥抱变化 （5分）	创造变化，并带来绩效突破性的提高	在工作中有前瞻意识，建立新方法、新思路	对变化产生的困难和挫折，能自我调整，并正面影响和带动同事	面对变化，理性对待，充分沟通，诚意配合	适应公司的日常变化，不抱怨
诚信 （5分）	能持续一贯地执行以上标准	勇于承认错误，敢于承担责任；客观反映问题，对损害公司利益的不诚信行为严厉制止	不传播未经证实的消息，不背后不负责任地议论事和人，并能正面引导	通过正确的渠道和流程，准确表达自己的观点；表达批评意见的同时，能提出相应建议，直言有讳	诚实正直，言行一致，不受利益和压力的影响
激情 （5分）	不断设定更高的目标，今天的最好表现是明天的最低要求	碰到困难和挫折的时候永不放弃，不断寻求突破，并获得成功	以积极乐观的心态面对日常工作，不断自我激励，努力提升业绩	热爱阿里巴巴，顾全大局，不计较个人得失	喜欢自己的工作，认同阿里巴巴企业文化
敬业 （5分）	遵循但不拘泥于工作流程，化繁为简，用较小的投入获得较大的工作成果	能根据轻重缓急来正确安排工作优先级，做正确的事	持续学习，自我完善，做事情充分体现以结果为导向	今天的事不推到明天，遵循必要的工作流程	上班时间只做与工作有关的事情；没有因工作失职而造成的重复错误

【考核说明】

①无论是员工自评，还是主管考评，都要以具体的事例为基础；

②考评分数可以为0，分数可以以0.5分呈现；

③标准是一层层设置的，只有达到3分的行动标准之后，才有可能符合4分的行动标准；

④考评成绩过低（≤0.5分）或者过高（≥4分），经理需要做出说明。

【考核周期及程序】

①价值观的考核和业绩考核一样，需要每季度一次，且各占员工总绩效的一半；

②考评分为员工自评和经理考评，员工先对照价值考核细则自评，之后经理进行考评；

③经理会将考评分和员工自评分对比，之后会找员工进行面对面的绩效谈话。

【考核结果及指导】

阿里巴巴的员工的价值观考核结果可以分为优秀、良好、合格和不合格四大类，如表3-2所示。

表3-2　阿里巴巴价值观考核结果

得分	等级	意见	备注
27~30分	优秀	不影响综合评分数，但要指出价值观改进方向	任意一项价值观得分在1分以下，无资格参与绩效评定，无奖金
23~26分	良好		
19~22分	合格		
0~18分	不合格	无资格参与绩效评定，无奖金	

阿里巴巴的员工"价值观+业务绩效"的综合评定结果可以分为三类：猎犬、野狗和小白兔，如图3-6所示。

猎犬：有业绩也有团队精神，是阿里巴巴寻觅和培养的人才；

野狗：业务能力强，但是价值观不符合公司要求，在公司教化无方的时候需要"杀"掉；

小白兔：业务能力较弱，但是很符合公司的价值观，阿里巴巴会给机会让小白兔成长，在业务能力没有得到提升的情况下也是需要清除掉的。

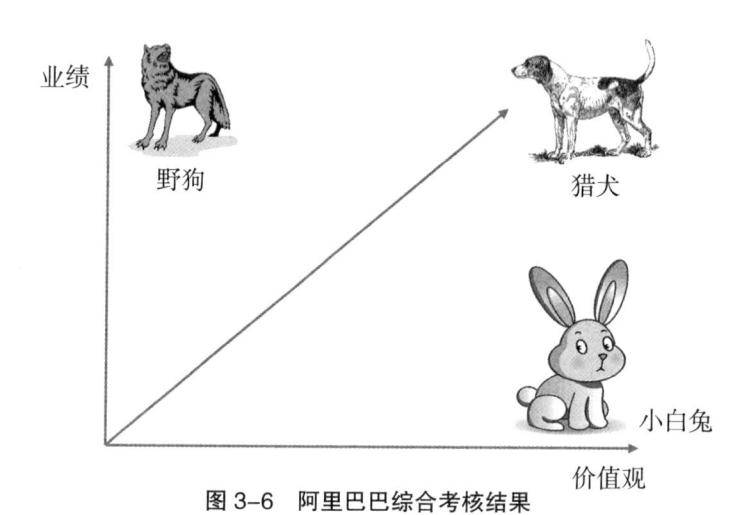

图3-6 阿里巴巴综合考核结果

阿里巴巴的"六脉神剑"能落地，不仅仅是因为阿里巴巴有合适的文化土壤，而且在于有可操作的考评工具——行为+案例+季度总结评估。

对核心管理层的价值观考核则更为严格。他们需要遵循的价值标准有9条，在"六脉神剑"基础上增加了"眼光""胸怀"和"超越伯乐"，称为"九阳真经"。这9条价值观也各被分解成3条行动指标，按通关制的方式，逐条进行考核[9]。即员工先按照30条价值观考核细则进行自评打分，再由部门主管或经理进行评价，将员工自评分与被评分进行对照，与员工进行绩效面谈，肯定好的工作表现，指出不足，指明改进方向。这一方式的全称叫通关打分制。

2. 仪式固定化

所谓仪式固定化，就是将某件事固定在每年的某天进行，将这个时刻和其他时刻的意义区分开来，深化这件事在大家心中的印象和意义。这其实就是贯彻企业文化的一种做法，代表的是一种精神。

【阿里日】

阿里巴巴的固定仪式有很多，比如每年5月10日就是阿里员工集体婚礼的日子，也是"阿里日"。在阿里巴巴这个大家庭中，大家结婚都想选择在这个日子。"阿里日"是为了纪念2003年5月阿里人抗击"非典"时所体现的果断、团结、敬业、互助互爱和永不放弃的阿里精神，而于2005年设立的。在每年的这一天，阿里都会举行集体婚礼，并开放公司为"亲友日"，让阿里人的亲属和朋友走进阿里巴巴、感受阿里精神。每年的"阿里日"，不论在什么地方，马云都会回来见证新员工，并且为集体婚礼的新人证婚，送上祝福。

下面是2017年5月10日，阿里巴巴员工集体婚礼上马云的证婚词：

各位阿里人、阿里的亲友朋友、阿里的新人，大家好。今年是阿里巴巴第十三个阿里日，也是第十二次集体婚礼，我也参加了十一次的集体婚礼。但是很遗憾我今天不在中国，我刚刚从南美的阿根廷到了墨西哥，然后又到了美国，所以心里特别内疚，也特别遗憾没能来参加大家的集体婚礼，给大家像以往一样做证婚人，但是我的心跟大家在一起。

我今天在美国通过网络向大家祝福，给大家做一个网上的证婚人。今年的集体婚礼使得阿里巴巴更加全球化、更加国际化，我听说除了香港台湾地区以外，我们还有美国的、印度的、德国的、荷兰的新人。因为阿里巴巴越来越国际化，我们现在的奔波是在为十年以后打基础，我相信这样的国际跨国婚姻会越来越多。

阿里巴巴相信认真生活、快乐工作，不会生活的人是不可能工作好的，所以我们先希望大家工作快乐一点。但是生活必须认真，而生活的最重要的认真是，我们必须要有婚姻生活，我们必须要有家庭，必须要有孩子，必须要关注另外一方。

婚姻和爱情是有差别的，爱情是索取，爱情比较浪漫；但是婚姻比较讲究给予，婚姻更讲究的是担当和责任，婚姻更多的是麻烦，所以婚姻需要经营。要做一个长期的婚姻其实并不容易，要做长期幸福的婚姻更不容易，但是阿里巴巴要做一家102年的企业，我们任何一份合同至少是80年，所以我说我做证婚人，大家必须要坚持50年的婚姻或者是80年的婚姻。

今天我另外想讲一下，我觉得我们每个人必须关注孩子，这是大家结婚以后首要的任务。我说幸福是关注出来的，是参与出来的，而爱是做出来的，希望大家多关注我们的下一代，多生孩子，生好孩子，关注孩子的教育，关注孩子的健康。我们今天非常努力，我们更希望给我们的孩子创造一个良好的自然环境，让天更蓝、水更碧，让我们的社会更加安全，更加丰富，更加富有，并且让每个孩子都有希望，所以感谢大家每天对阿里巴巴工作的努力付出，因为阿里巴巴的努力能够帮助全世界的中小企业、全世界的年轻人有一种生活的希望，有一种更好的生意，能够创造更多的就业，对社会创造更多的财富。但是我们更希望每个人的努力能够给自己的家庭带来幸福，我相信家庭幸福了，国家才会幸福；家庭幸福了，我们自己才会快乐。

所以我今天在美国给大家送上良好的祝愿、衷心的祝福，希望大家婚姻愉快，希望大家幸福美满，希望大家长寿。再次感谢大家，祝福大家！[10]

【授戒仪式】

除了众所周知的集体婚礼，阿里巴巴还有其他独具特色的仪式。如针对不同入职年限的员工举行不同的仪式，这就是阿里巴巴的"年陈"文化，"年陈"本来是用以形容酒的年份的词汇，在阿里巴巴被演化成对员工入职年限的一种纪念，被称为"一年香""三年醇""五年陈"。

入职满一周年的同学被称为"一年香"——"认同"：

从入职懵懵懂懂的好感到随后365天里的跌跌撞撞，哭哭笑笑；
我们在追逐梦想的脚步中咂摸独特的味道；
一年的味道，像新封的美酒，悄悄地散发属于自己的芬芳。

入职满三周年的同学被称为"三年醇"——"融入"：

三年的酒，醇厚浓郁，三年的人，温润如玉；
光芒凛然于内，心中一片敞亮；
我们清楚地知道，阿里要什么，不要什么，要什么样的人，不要什么样的人，也知道什么是一切选择背后的价值判断；
我们已经是这样的人，已经习惯了这样的判断，这样行事。

入职满五周年的同学被称为"五年陈"——"传承"：

五年过去了，我们体味过许多成功的快乐，经历过许多成长的烦恼，相信相信，坚持坚持，追逐梦想的路上；
我们把最痛苦的磨炼熬成了人生最大的财富；
五年，谢谢曾经努力的自己；
五年过去了，我们也期待着将这笔财富分享给更多的伙伴；
因为只有更多有情有义的人在一起，才能给这世界不断带来微小而美好的改变[11]。

该文化的仪式化主要是"五年陈"的授戒仪式，马云会亲自为入职满五年的员工带上刻有他/她姓名缩写的白金戒指。2004年，阿里巴巴成立5周年的时候，诞生了第一批"五年陈"员工，包括马云自己。现在13年过去了，已经有将近两万余人先后戴上这枚戒指。阿里巴巴每年举办4次隆重的授戒仪式，只要符合条件的全球所有的"五年陈"员工都被邀请回杭州阿里总部。好多国外或者外地回公司的员工不熟悉路线，HR还会专门为他们设计指路牌。

2017年3月24日，阿里巴巴西溪园区举行"2012—2017"第一季度"五年陈"授戒仪式。这一届共有748位"五年陈"，男生418位，女生330位，其中年龄最小的出生于1993年。

2017年4月14日，阿里巴巴华南大区举办第二届"三年醇"成人礼活动，本次活动对象是2017年财年Q4（第四季度）入职满3周年的全体员工，活动流程如图3-7所示。

签到	·活动迎来了16位"三年醇"同学
醇启	·活动主持人——华南后台政委
醇青	·职业规划 ·后台新财年规划
醇香	·共创制作公益视频
醇礼	·授予阿里"三年醇"周年礼 ·宣誓仪式、大合照

图 3-7 阿里巴巴华南大区第二届"三年醇"成人礼活动流程

【新人公开课】

新员工进入阿里之后，都会经历三个时期的培训。首先是入职后 27 天的专职培训，在这 27 天之内，新员工将接触到三大类培训，其中文化制度类占比 42%，是三类培训中最重要的部分。对马云来说，给入职新人上好一堂课无比重要，在阿里新人的入职培训中，马云总是会抽时间给全体新鲜阿里人上一堂公开课。

2017 年 3 月 9 日，马云为 800 余名入职一年内的新员工上了一堂名为"百阿必修课"的公开课。以下为演讲全文：

"是不是玩得太虚了，这就是我们的与众不同之处"

我们希望阿里巴巴是这么一家公司，希望在中国这个土地上诞生一家对世界经济发展、人类社会进步有贡献的公司。所以我们希望招聘进来的员工，大家都充满这个使命，大家都充满着这个理想，大家都是一起团结，当然我们也有很多的分歧，但是最重要的是点点滴滴地把它做下去。

所以你们可能听了这些以后，会发现公司是不是玩得太虚了，这就是我们公司的与众不同之处。如果你觉得这样的公司不愿意加入，没有关系，听了今天的课以后，你可以辞去，阿里巴巴的门应该永远要打开，很容易出去，但是很难进来。大家记住，要容易出去，很难进来；如果说容易进来，很难出去，那是监狱。

我们这家公司未来的85年，我们依旧会按照这样的路线往前走，强大的理想主义加上现实主义的结合，形成我们对于未来的思考、对于世界的思考。

"阿里巴巴不是一家中国公司"

我想还是跟大家讲，公司的使命驱动，至少我在这个公司，很重要的工作就是坚持这家公司使命驱动，让天下没有难做的生意，让这家公司以价值观来管理自己，强化文化。

我们这家公司走的路线也很独特，我们这家公司，我们第一天在湖畔花园的时候提出这句话，叫作"东方的智慧、西方的运作、全世界的大市场"。我们这家公司诞生在中国，阿里巴巴诞生在中国，但阿里巴巴不是一家中国公司，我们当然也不是美国的公司，我们的股东有世界各地的，我跟大家讲，阿里巴巴诞生在中国，但是它是一家全球化的公司。

"没有KPI的理想就是空想"

每个人都愿意停留在理想之中，每个人都恨KPI（关键绩效指标），但如果没有KPI、没有结果导向、没有效率意识、没有组织意识、没有管理意识，那么我个人觉得所有的理想都是空话，我们就会变成一个梦想者，胡说八道。

天下没有完美的组织，为什么？很简单，要想走得快，那你就一个人走，你要想走得远，那就一群人一起走。要一群人一起走，一定要有组织，有组织，一定有时效率不会高，只是组织与组织之间比赛谁效率更高而已。

"第一大产品是员工"

我们希望的第一大产品不是我们的淘宝，不是我们的天猫，不是我们的支付宝，也不是我们的云，也不是我们的菜鸟，我们第一大产品是我们的员工。因为我们相信，我们的员工强大了，我们的产品自然会强大，我们的服务会做好，客户才会满意。

以前挖我们员工的人很多，那时候我们还在华星大厦，只要阿里人能去，给四倍工资，我们一个员工也没去。

"讨厌那些天天抱怨的人"

我们喜欢的人，是提意见、有建设性意见并且有行动的人，我们讨厌那些天天抱怨的人。我们不喜欢这些人，无论在内网、在外网，我们最讨厌那些天天说公司不好，还留在公司里的人。

就像老公说老婆不好，老婆说老公不好，又不愿意离婚，我们门是打开的，我们愿意听建议、批评，但是要有行动，大家只有团结一致才能度过难关，而不是碰上灾难麻烦的时候，大家都是互相说你的错。

"利益一定是自己打下来的"

前几年争论了很久，有些东西我们跟其他公司不一样。我反对有大巴车班车上下班，不是因为买不起，员工如果没有车，那去挤地铁、去挤公交车、去骑自行车，保证自己上班不迟到，所有的公司、所有的优秀员工都经历过这一点。

我告诉大家，即使有班车，迟到的人也会有很多，放下工作的人更多，我们不是在乎加班这点工作，我们在乎的是你是否在乎你的工作，如果你在乎、热爱你的工作，你会早起。

阿里人记住，利益一定是自己打下来的，没有人的奖金、没有人的收入是别人给你的，而是凭自己的努力。业绩、市场是打下来的，没有人给你们，成绩也是努力出来的。我们为努力鼓掌，为结果付报酬。如果你有结果，we pay（我们买单）。如果你很努力，没有结果，我们鼓鼓掌，也很好。[12]

【KO】

KO 就是 Kick Off 的简称，本意是（足球）开球、（社会集会等）开始；在美国企业，经常用来表示项目启动。而在阿里，KO 是指所有人聚在一起的员工大会，阿里每个区域会在新的财年（每年 4 月份）开始的时候就会举办一次 KO。随着员工的激增，所有人聚在一起受限越来越大，于是各子公司开始单独承办本区域的员工大会。其实阿里巴巴的 KO 大会就相当于一般企业的尾牙、年会之类的，只不过时间上不一致罢了。每一年的 KO 就是阿里人的家庭聚会。阿里人都会坐在一起聊聊，既有对当下的总结、反思，又有对未来的展望、期待，更有员工自导自演、无限开放的晚会"奶牛之夜"！至于为什么叫"奶牛之夜"，是因为最开始阿里的经济来源主要依靠阿里国际这个部分，所以阿里国际就成为"奶牛"，哺育着新部门，到后来，阿里人就把集表演、游戏、合作、激情、欢乐于一体的中供部门年会称为"奶牛之夜"。不论是员工、客户还是供应商,都会被"奶牛之夜"所展示出的阿里人的激情所感染。

3. 文化道具化

阿里巴巴企业文化的打造离不开必要的文化道具,企业文化依附文化道具而存在,文化道具就是将文化所传递、所包含的意义实物化。阿里巴巴并非所有的文化都有对应的文化道具。比较常见的阿里巴巴的文化道具就是"五年陈"所佩戴的刻有他/她姓名缩写的白金戒指;"三年醇"所佩戴的由白玉雕琢而成的吊坠,形如阿里十周年过江接龙的"阿里真棒",它凝聚了阿里人的精气神;"一年香"的纪念物则是一枚笑脸勾勒的徽章,见证着阿里人一年一起走过的路,并且还要开开心心地、更长久地走下去。

4. 内容可视化

内容可视化是大部分企业打造企业文化的常规手段,就是将企业文化的内容用文化墙或者 X 展架等工具展示出来。文化墙一般包含公司简介、公司使命、奋斗目标、企业精神、价值观、经营理念这些内容,还可以加入一些动态更新的内容,比如:公司动态、活动消息、新获荣誉、先进人物等。

阿里巴巴有很多文化墙,每面文化墙都有自己的特色,有海报文化墙,主要张贴各个娱乐活动,召集时使用;有业绩墙,主要展示员工的工作生活情况，如公告栏、光荣榜、KO榜、月度龙虎榜、季度风云榜等。

5. 案例故事化

"故事是人类智慧的结晶，它比你更会说话"。故事作为一种更有效的交流手段，是一种有灵魂的证据。它就像一个信息传送带一样，能够把你用理论说了上百上千遍，却不能输入听众大脑的价值观，很轻松地传递给员工。你很难告诉每个员工，我们具体应该做什么，但你可以告诉他别人正在做什么。阿里的每一个管理者都要成为故事的发现者、收集者和传播者。新员工入职之后，一般都会听到几个故事，有的是当年艰辛创业的，有的是努力工作的。除了讲述之外，阿里还会将自己员工的故事拍成视频，给其他员工做激励。

采用讲故事的方法可以把深刻、枯燥无味的道理简单化、有趣化。比如说，作为政委，在向员工讲述阿里价值观中的"客户第一"时，与其说在那讲你们应该怎样维护客户的利益的大道理，还不如讲阿里前辈的真实故事更有效。

2004年，阿里巴巴进行全国Top Sales（销售冠军）评比，被评为第一名的销售员在进行经验分享时，提到搞定客户的关键在于搞定客户下面的关键人物。在分享结束之后，销售总裁直接当场做了三个重要决定：一是他刚才说的那个客户将不再归属于他，剥夺他对这个客户的所有权；二是这个客户的业绩将从他今年年度的业绩和提成中全部扣除；三是下次他再有犯类似的事情，立刻Fire（开除）掉[13]。

这个故事就体现了阿里巴巴"客户第一"，让所有的客户赚钱的定位，那些天天盯着客户口袋里面的钱，并想方设法把客户口袋里面的钱弄出来的销售，长期存在会拖垮阿里巴巴的。真实的案例故事能够给员工留下更加深刻的印象，更加直观地将"客户第一"的概念传递给员工。

6. 激励特殊化

精神的愉悦往往胜过现实的欲望满足，最早阿里也尝试过用苹果系列手机、电脑来奖励员工，但是后来发现人对物质的欲望只会越来越强烈，最终就会满足不了，反而精神上的认可能够让员工的幸福感直线上升。阿里总部设有名人殿堂，员工照片能够摆上去就像受到加入阿里的新人的一种膜拜，那种荣誉感是无与伦比的。

【百万俱乐部】

阿里巴巴有独特的销售激励制度，百万俱乐部就是鼓励先进的很好例证，马云更是在树立这种公司的环境文化中起了极其重要的作用。说到百万俱乐部，就不得不提阿里当年的第一销售贺学友，贺学友在入职当年（2002年）就进入了百万俱乐部，销售业绩全国第四。

2002年底，贺学友问马云2003年应该完成多少才能做冠军，马云说每天要能完成1万，即全年完成365万，并且续签率达到78%，那么在世界任何地方我都可以请你吃饭！但完不成，则必须要在年底庆功会上裸体跳入西湖。贺学友当即答应，最终贺学友的630万远远超出了马云的预期，只是续签率为76%，差2个百分点，不过马云依然请贺学友的团队吃了饭。

【最美外贸人】

阿里巴巴网点遍布全球，对销售员的激励方式也存在地区差异，在阿里巴巴华南大区，优秀的外贸人坚持不懈地围绕客户价值奋斗不息。这些外贸人被评为"最美外贸人"，并在阿里巴巴的华南大区 KO 现场进行颁奖仪式。

【感动阿里奖】

为了让员工乐于助人，向社会传递更多的正能量，阿里巴巴专门设立了感动阿里奖，不定期颁发给员工，发放的唯一标准是"做的事情分外感动阿里人"，感动人心的事是否发生在工作中或与公司有关，并不重要。这种特殊激励，不仅可以激励员工正能量的行为，体现企业的价值观，还可以强化企业的社会责任，一举两得。由感动阿里奖的颁发情况来看，受到奖励的员工并非因为给公司带来了巨大经济效益或在工作中表现出色，而都是因为他们见义勇为，扶危济困[14]。

感动阿里的奖项设立，在实现对具有优秀品德的员工倾注特殊关怀的同时，又强调了员工作为本公司的代表对社会的贡献，能够收获向外与向内两个方面的社会责任建设成果。

五次"感动阿里奖"的获得者及相关事迹如下：

2005 年 3 月，邓鹏迪——推开即将被公交车撞倒的身边同事，自己被撞断了 7 根肋骨，卧床一年才康复。

2011 年 7 月，吴菊萍——奋不顾身用双手接住了从 10 楼坠下的 2 岁小孩，获得"最美妈妈"称号。

2013 年 7 月，王绍国——下班途中，跳进黑漆漆的河里，救起了一名7岁的落水儿童。

2014年6月，六一、焦木、右柚、玄难——在下班途中积极参与车祸救援[15]。

2014年7月，依伶——在回家途中，将两位在车祸中烧伤求援的伤者送到医院。

本章参考文献

[1] 阿里巴巴文化落地的招数[EB/OL].[2015-07-30].http://mp.weixin.qq.com/s?__biz=MjM5MTE5NTIwNQ%3D%3D&idx=1&mid=207823374&scene=21&sn=d41c2ca2af8c73d3f1af4422cf10350a.

[2] 蔡春雷.阿里巴巴中国供应商系统服务策略研究[D].河北工业大学，2010.

[3] 史彦泽.创业公司可以从阿里的销售铁军身上学些什么?[J].今日工程机械，2016（1）：66-67.

[4] 鲍茹萍.阿里巴巴的企业文化研究[J].纳税，2017（02）：108-113.

[5] 石舍玉.解读支付宝的企业文化建设[J].中国电子商务，2014（2）：5.

[6] 邱昌恒：快乐的阿里五年陈[EB/OL].[2009-11-19].http://finance.sina.com.cn/leadership/mroll/20091119/11306987539.shtml.

[7] 前阿里人：我认识的马云和阿里巴巴（续）[EB/OL].[2013-02-15].https://www.huxiu.com/article/9991.html.

[8] 黄琦.阿里巴巴：价值观是企业"金字塔"[J].现代企业文化（上旬），2014（07）：36.

[9] 郑晓芳.走进支付宝，看混搭的企业文化如何构建[J].商学院，2012（11）：70-73.

[10] 马云为阿里集体婚礼送祝福：婚姻需要经营，至少坚持

50年[EB/OL].[2017-05-11].http：//www.ocn.com.cn/keji/201705/goefk11105519.shtml.

[11] 一年香三年醇五年陈：12年前，马云亲手给阿里人戴上一枚戒指[EB/OL].[2016-08-06].http：//www.yangfenzi.com/zimeiti/64478.html.

[12] 马云最新内部讲话：最讨厌天天说公司不好，还留在公司里的人[EB/OL].[2016-03-12].http：//www.thepaper.cn/newsDetail_forward_1442993.

[13] 卢洋.阿里文化体系是怎么一步步长出来的[EB/OL].[2016-08-10].http：//www.sohu.com/a/109868547_146305.

[14] 感动阿里奖，员工管理创新[EB/OL].[2014-07-22].http：//www.bokee.net/bloggermodule/blog_viewblog.do?id=18981158.

[15] 阿里集团第五次颁发感动阿里大奖[EB/OL].[2014-07-08].https：//club.1688.com/article/42713387.html.

[16] 史彦泽.创业公司可以从阿里的销售铁军身上学些什么？[J].今日工程机械，2016（01）：66-67.

第4章 政委建在连队上

2011年，马云将阿里巴巴的HR部门进行扁平化，分公司不再有HR功能，只保留政委。阿里巴巴要走102年，由于短期压力，业务线可能会出现问题，业务经理难免会采用短期的、极端的做法，这时政委就需要在思想上进行指导，保证企业的道德底线和价值观。业务经理在业务方面有决策权，而政委在违背企业文化和影响团队管理的决策上有否决权。

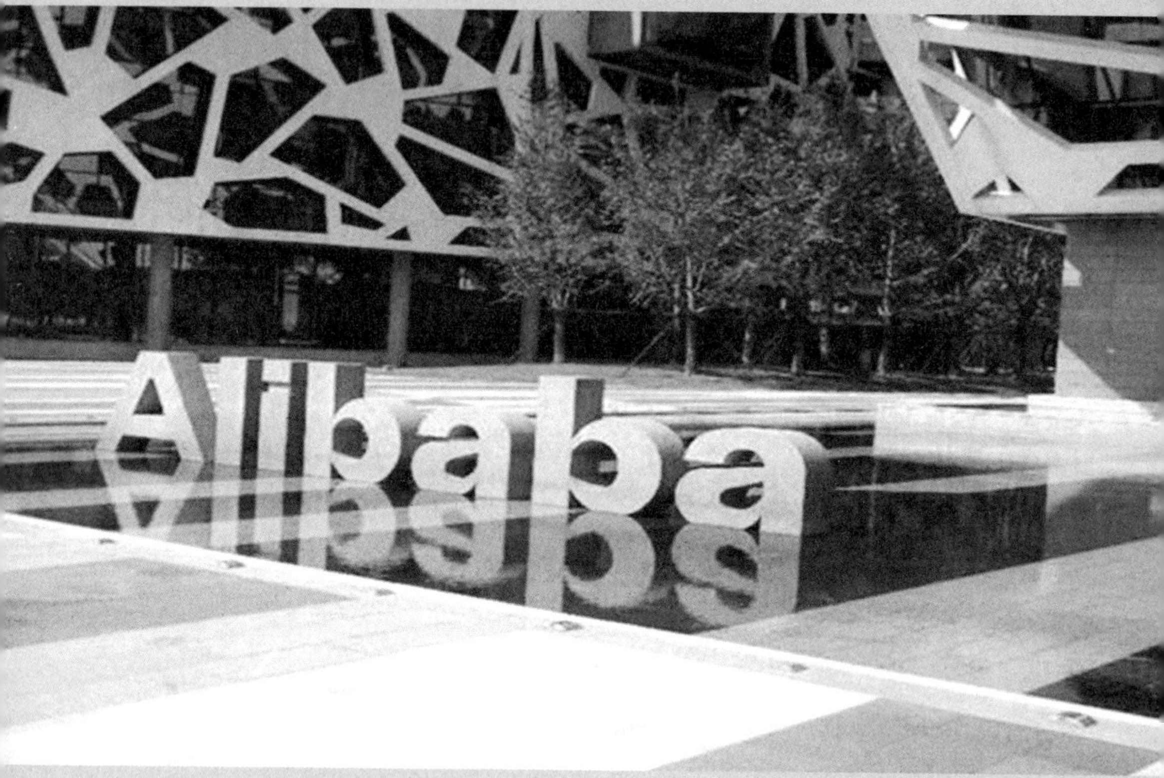
Alibaba

一、从"幕后"到"舞台中央"

1. 政委 vs HR

在阿里巴巴,政委就是 HR 转型之后的称呼,这种转型不仅仅是称呼上的变化,而是实质性的内容变化。两者之间的区别主要表现在以下四个方面,如表 4-1 所示。

表 4-1 阿里政委和传统 HR 的对比分析

项目	阿里政委	传统 HR
侧重点	管心、管思想	管身、管行为
主要抓手	干部培养、团队建设、团队氛围管理	制度建设、员工绩效、职业化
主要产出	忠诚度、幸福感、领导力	满意度、敬业度、执行力
激励特征	重精神激励	重物质激励

【侧重点】

传统的 HR 侧重于管理员工的"身",管行为,更多的是规范人的行为举止是否满足企业的要求。阿里政委则侧重于管"心",管思想,侧重于对管理层的管理行为的辅导和约束,着眼点在"人"。

【主要抓手】

传统 HR 的主要抓手是制度建设、员工绩效、职业化，因为传统 HR 是按职能分工，分头去支持业务的，比方说招聘。阿里政委的主要抓手是干部培养、团队建设和团队氛围管理，关注团队人才梯队建设和排兵布阵。阿里政委会做管理干部的培养，如潜在基层干部的训练营、潜在的经理人群培养。业务部门和小政委会把要培养的这些人放在重要的位置，给予高度的关注；对于培训和在岗锻炼要形成体系化，及时跟进，总结评估要持续进行，还要做好提升点的跟进。

【主要产出】

传统 HR 的主要产出是满意度、敬业度和执行力。阿里政委的主要产出是忠诚度、幸福感、领导力。阿里巴巴的第二大愿景就是成为"幸福指数最高的企业"，这不仅仅是对内部员工，阿里巴巴希望的是在阿里巴巴平台上面做生意的伙伴，在阿里巴巴平台上面进行采购的伙伴，或者是通过这些商家、卖家提供了就业机会的那些人，都能够跟阿里巴巴一起感受到幸福。管理力是基本能力，在企业达到一定层级之后便不太会关注，更多的是关注管理者领导力的提升，是不是能够使众人行，是不是能够和员工达成共识，是不是能够推动大家提高最终结果。阿里的职业发展体系有 M 序列与 P 序列，有段时间把基础管理人员改成 PL 序列，要求同时具备专业力和领导力，就是不希望他们发展成职业经理人，而是领袖，不希望他们脱离业务。

【激励特征】

传统 HR 重物质激励。传统企业的 HR 主要通过改善薪酬福利分配制度来激励员工，最实际的是发奖金，其次是提高工资或行政级别，或者发东西（房子、车子、日常生活用品等）。阿里平时物质激励不太多，而是更注重精神激励，阿里巴巴根据员工的工作年限，将员工称为"一年香""三年醇""五年陈"。一年的新员工会获得一枚金属勋章，三年的员工会有"三年成人礼"，发放刻有"阿里真棒"的和田玉玉坠，五年员工可以参加"五年陈"的"授戒"仪式，每个人不仅可以获得一枚特别订制的铂金戒指，均价3000多元，还可以和当年一起进单位的员工一起分享工作以来的心路历程[1]。此外，还有百万俱乐部、名人堂、新外贸人等，这些都属于阿里政委对员工进行的精神激励措施。

2. 政委何去何从

政委是HR的转型结果，是一种新型岗位，政委的工作既涉及传统HR的工作内容，同时又涉及业务方面的问题，那政委的工作情况该如何汇报？这是个问题。面向客户的"政委组织体系"，其运行操作模式一般有三种：业务隶属型、总部派驻型和混合型。其中，业务隶属型是指政委归所在业务部门管辖，工作情况向业务部门领导汇报，而HR部门只对政委进行专业方面的指导工作，不负责其绩效考核；总部派驻型是指政委是由总部HR部门派至各个业务单元的，考核关系、晋升或调动关系隶属于HR部门，政委在业务上帮助业务经理开展人力资源工作[2]；而混合型则是指前期采用业务隶属型，后期随着管理层级增多调整为总部派驻型。政委在行政上由业务部门经理领导，考核在业务部门，但是在业务上由总部人力资源部指导，管理上实现双报告线，实报告线是业务部门经理，虚报告线是人力资源部经理。

阿里的政委都会由总部派出去，好处是能够调动总部的资源，坏处是很难得到业务部门真正的信任。小政委直接向大政委汇报，大政委再向集团汇报，不需要向业务搭档汇报，这就保证了政委在业务团队的独立性。

阿里巴巴有两套人才发展体系：一套体系是专家路线，程序员、工程师，某一个专业领域的人才，即P（Professional）序列。另一套体系就是M（Management）序列，即管理者路线，从M1到M9，把每一个层级的评判能力全部细分，它的能力表现是什么，要达到什么样的层级，全部有一个细分的体系。这样就实现了整个人力资源体系的科学化[3]，如表4-2所示。

表4-2 阿里巴巴人才发展体系

P级别	基本定义	对应M级别	基本定义	政委
P1~P2	低端岗位预留			
P3	助理			
P4	初级专员			
P5	高级工程师（架构师）			
P6	资深工程师（资深架构师）	M1	主管	
P7	技术专家	M2	经理	小政委
P8	高级专家	M3	资深经理	
P9	资深专家	M4	核心总监	
P10	研究员	M5	高级总监	大政委
P11	高级研究员	M6	副总裁	
P12	科学家	M7	资深副总裁	总政委
P13	首席科学家	M8	子公司CEO或集团CXO	CPO
P14	马云	M9	集团CEO	

大政委、小政委，阿里内部称为 HRG（HR Generalist，HR 专家的意思），采用的是 P 序列晋升通道，用来区别政治地位，政委从最基础的 HR 工作开始，然后渐渐向上升。P5 升 P6 相对容易，P6 到 P7 非常难，从普通员工到管理者的那一步跨出去不容易。P 一般都是专家，M 才是管理者，但实际上，专家线和管理线有时并不是分得那么清楚。

阿里巴巴晋升奖励体系有一条不成文的规矩，就是 HR 要晋升，必须当过政委，要承担更大的责任，必须在 HR 体系里稳固一段时间，而且要有一定的成绩，如图 4-1 所示。

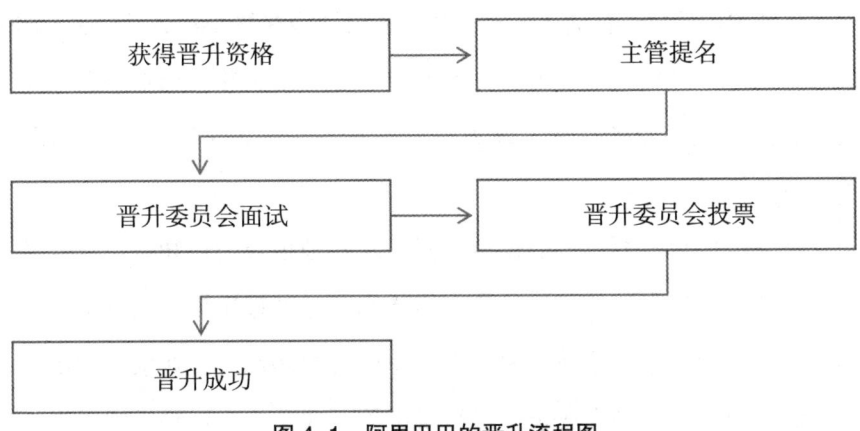

图 4-1 阿里巴巴的晋升流程图

（1）晋升资格：上年度 KPI 绩效考核成绩达到 3.75；

（2）主管提名。未达到晋升资格，主管也不会提名；

（3）晋升委员会面试（晋升委员会一般是由合作方业务部门经理、政委、该业务线经理等组成）；

（4）晋升委员会投票；

（5）投票通过的话，即晋升成功。

二、成为称职的舞伴

1. 一切从对话开始

传统 HR 是自说自话，现在的政委要求是能够与业务部门对话。如何做到与业务部门对话呢？首先就是要搞定关键人物，而业务部门最关键的人物就是业务经理。政委要与业务经理建立深度的对话机制，善于补位[4]。

业务经理和政委所处的视角不同，对各种现象的认知就会存在差异。要达成比较一致的认知，政委需要和业务经理定期沟通并形成机制。业务经理是站在业绩视角，在工作中会更多地关注业绩，对团队成员的心理状态、个人成长、组织氛围等不太关注。这种做法可以带来的效益是不持久的，不利于团队的长期发展。政委在这个时候就需要登场，仔细观察并总结团队中存在的问题，和业务经理进行沟通、反馈。这种沟通需要定期进行，形成一种沟通机制，当事务累积到一定的数量，事态发展到一定的程度，双方自动启动沟通。对于政委来说，应当有意识地营造和建立并且维护这种机制，这是政委布道的过程。冰冻三尺非一日之寒，《亮剑》中李云龙对赵刚的高度评价也是在日积月累中形成的。

下面以阿里巴巴政委在全国 HRBP 巡讲活动上的一次分享，说明政委与业务经理之间的沟通特点。

业务经理拿出来一套他的方案跟三个主管沟通，下一个季度要用什么策略来打市场，三个主管每个人都发表了一些想法，业务经理说："好，我会综合大家意见，按照大家的想法来做"。但是第二天，业务经理在跟大区汇报的时候，依然用他原来的第一套方案，遇到这种事情，作为HRBP应该怎么做？

阿里政委不会组织讨论，当面"拆台"。那应该怎么做呢？首先，要让业务搭档听到赞许的声音，用巧妙的语言给他"鲜花"与"掌声"，"看了你的方案，听了你的看法，觉得你特别懂业务，我要跟着你好好学业务，我有个问题不是很懂……"，没有人是不喜欢被称赞的，通过称赞可以让业务搭档减少抵触情绪，为后续出"拳头"做铺垫。切忌当面"拆台"："你这样不太好，都跟大家商量了，你又跟大区汇报了，这样不太对"，这样就会直接把关系搞僵了。

除了语言要有艺术之外，沟通场所也要有所选择。和业务经理沟通业务决策的问题属于管理层的沟通问题，从表面上看并不是很重大，但是团队内部的大变动往往就是因为这种看似很微小的问题导致的。阿里政委一般会选择找个咖啡厅或者茶馆之类的，和业务经理进行比较悠闲的聊天。当然，开场白还是以拍业务经理的马屁为主，拍完马屁之后就可以进入正题："我发现一个现象，不知道你有没有发现，你很民主，大家也都愿意把自己的意见拿给你，但是，最终的结果，你并没有太多采取大家的意见，这是为什么？是不是时间太急了，还是说有其他的原因？[5]"

这个时候，你要保证和他是站在一个视角上的，从他的角度来思考这样决策的理由，是不是还有其他的理由促使他这样做。做政委，不能太直接，要把握好分寸。

相信这样的一番聊天之后，业务经理就会觉得你是懂他的，也愿意将真实的想法告诉你，大概会有两种可能：一种是业务经理比较自负，还是要坚持自己的方案；另外一种就是确实有其他的原因，导致只能选择他的方案，如时间不够等，方案在具体实施过程中，他还是会采取其他主管的建议。

如果是在这两种可能之外，你可以再听一遍业务经理的逻辑，重新梳理一下业务思路，若是觉得业务经理所想确实合理。政委就会带着业务经理的思路和主管们进行沟通，解释业务经理这样做的理由，这个时候政委就相当于兼任业务经理和HR，和主管进行一对一沟通。每个管理者都是自负的，认为自己的想法是对的，所以首先要尊重他们的决策。政委和主管的沟通也会采用和业务经理类似的方式："你对这件事是怎么看的？"不同的是，在主管面前，政委更多的是扮演一个朋友的角色，倾听主管的心声。

主管是否愿意发声取决于政委之前的"了解"动作是否做到位，这是一个循环的链条。政委就充当一个滚圈，将业务经理的想法传达至主管，然后听取并整合主管的意见，反馈至业务经理。整件事情就可以还原出来，政委接下来的工作就是将这些合理的意见实际落地。

相互传达主管和业务经理的意见需要注意的是，不能让主管和业务经理"尬聊"，这就失去了讨论的意义。政委需要做的就是在尊重业务主管的基础上，找到具体的操作方法，并让提出意见的主管来具体落实这些意见，这才是政委该有的动作。

在这个过程中，外界会认为政委也比较懂业务，其实政委只是将各种信息进行整合，将业务逻辑重新理顺，让主管和业务经理之间的沟通无障碍。

从上面的分享中可以看出阿里政委在与业务经理的沟通中主要是从两个角度出发的：人性角度和管理角度。从人性角度可以给业务经理先来点"鲜花"和"掌声"，给"鲜花"和"掌声"，其实就是懂得欣赏。欣赏非常重要，作为政委，要学会欣赏业务经理和业务团队。接着就是从公司价值观出发，判断业务经理的这种做法是否和公司的价值观契合，给他们一些"拳头"，点到他们的痛处来。当然，所有这些都是建立在你对业务的了解基础之上的。如果缺少了解过程的话，对方就不会接纳你。指出痛点的表达方式可以委婉，但是立场要坚定，如果碰到很强硬的业务经理，心态要好，他对你所说的话，你就当学习业务知识，温故而知新。阿里政委跟业务沟通的关键点是：一对一沟通，先献"鲜花"，再给"拳头"，找出问题的解决措施。

2. 建立信任关系

政委搞定业务经理的另一个关键步骤就是要建立信任关系，两人的工作配合默契是建立在相互信任的基础之上的。

阿里HR的"赢得信任的四句口诀"：互相欣赏，偶尔争抢，坚持立场，不时家访[6]。

【互相欣赏】

业务搭档能够处在经理的位置，说明业务能力是获得团队认可的，政委应该首先学会肯定和欣赏业务经理的这种能力，毕竟作为非业务出身的政委在业务这块还有很多需要学习的地方。政委主要关注公司的文化传承和干部培养，在管理人心方面的专业能力是业务搭档比较缺乏的。

政委和业务经理的能力之间形成互补，合作默契，才能管理好整个团队，取得傲人业绩。当然，这些都需要双方之间互相欣赏，互相欣赏在日常工作中的表现就是"补台不拆台"，不要直接推翻对方专业上的论断，而是补充对方在专业之外可能没有考虑到的盲点。从业务经理视角来说关心的是：业绩！业绩！还是业绩！其他不直接涉及业绩的内容可能就是业务经理的盲区了。政委就是要找出业务经理在做每项决策时漏掉的关键信息。比如，业务经理在进行业务决策时可能只考虑到业绩，而忽略掉团队成员的情绪等，政委需要在肯定业务搭档的决策大体方向正确的基础上，提醒他可能会产生的问题。又比如，业务经理平时可能更重视员工的业务能力表现，这样会导致员工在实现业务目标的过程中忽视价值观，出现欺诈客户、损害团队利益及公司形象的现象，政委的存在就是要阻止这些潜在情况的发生。

【偶尔争抢】

政委在用人方面具有绝对的自主权，在基于公司长期利益和价值观的前提下，业务线选什么样的人、用什么样的人，承担什么工作、什么岗位，这都是由政委确定的，就算业务能力过关，价值观不符合公司要求也是不能聘用的。在阿里，考核员工有两个标准：业绩和价值观。业绩非常好，但是没有价值观的员工叫"野狗"，价值观非常好但是业绩不好的员工叫"小白兔"，"野狗"和"小白兔"都是要被"杀掉"的[7]。"野狗"业绩非常好，每年的业绩可以做得很高，但是缺乏团队精神，根本不讲究服务质量。这种员工短期会对公司有利，但是长期来看，会使公司信誉造成严重损失，所以要坚决剔除。"小白兔"

的价值观很好,很热情、善良,但是业绩上不去,不能为公司创造价值,当然也不能留。政委就是要识别团队中是否有这两类人,并适时将其从团队中剔除。在这中间必然涉及和业务方之间的争吵,但是这些争吵是不带个人情绪的,关起门来吵架,打开门还是关系好的合作伙伴。这种良性争吵是可以增进感情,提升彼此信任的有效方法。

【坚持立场】

政委和业务经理是搭档,是互补的关系;作为政委要了解业务,从而从人的角度给业务以策略的支持;政委要有自己的独立性,在原则性的问题上绝对不能让步。政委代表的是公司的价值观和利益,对于违背公司价值观的行为,无论是业务经理还是员工,政委都要坚持立场毫无犹豫地去处理,因为你是公司价值观的捍卫者。张女士是B2B国际业务部(ICBU)东一区的政委,她有一个非常重要的责任,就是代表公司,保证公司的基本价值观和各种规章在区域贯彻执行。比如,阿里巴巴针对销售人员有"十八天条",触犯者将予以除名。张女士对触犯者有一票否决权,既使B2B管销售的副总裁出面,也不能否定她的决定[8]。这项制度的设计来自最高层。这其实就是政委对业务经理的制衡作用,可以让公司的最高层及时了解业务线的情况。

【不时家访】

加强与员工之间的交谈,可以随时随地地谈,阿里政委有50%~60%的时间是在和员工聊天,这和一般的企业HR有所不同。传统HR只会在员工遇到问题,或者有硬性的工作指标时才会找员工谈话,但是阿里政委随时随地都会和员工聊天。通过聊天了解员工的业务动态、团队氛围和生活动态。他要买房子吗?他家小孩是要读小学,还是幼儿园？他现在在工作中间遇到困难没有？是否需要支持？他和团队中的其他人配合如何？全方位、立体化的事情，都需要了解。必要时可能还要家访，这是政委的职责。这样的聊天和家访可以让员工感受到政委的关怀和温暖，增进政委与员工之间的信任。

3. 舞者的尊严

业务经理和政委的关系是一种微妙的平衡关系，业务经理和政委要相互树立威信，保全和维护彼此的面子。政委作为二把手，一方面要真心地维护业务经理的威信，另一方面又要维护自己的威信。相互树立威信也可以理解为不拆台，不能在团队中公然发表反对意见，与对方争锋相对或者辩论。政委要对客观形势进行全面的分析，站在团队综合利益的角度阐明利害，让业务经理顿悟，骤然清醒。政委和业务经理的最终目标都是公司利益，只不过业务经理的出发点是单纯地追求业绩，而政委是从公司的价值观出发，保证在业务飞速发展的过程中团队的价值观不变味。

业务经理在团队中的威信光环，是不容替代和挑战的。因为它直接关系着任务的上传下达、业务部门的执行力和业务部门的士气。因此，政委和业务经理在业务部门不能为争着做"首长"，而各自为政，发号施令。应该让团队成员听取统一的号令，接受统一的领导，这样才能统一团队思想，提升战斗力和执行力，发挥出团队的最大力量。这就需要政委能够摆正自身的位置，做好业务经理的"副手"。但是，在企业文化和用人方面政委有重要决定权，确保阿里巴巴的价值观"原味"。在用人方面具有一票否决权就代表着阿里巴巴政委的尊严，也是政委最基本的权利与责任，这是业务经理不能干涉和怀疑的。阿里员工价值观考核占员工综合考评分的 50%，政委要保障基本价值观和规章的贯彻执行，在做好"副手"的同时，又要确保自身影响力，这对于政委来说是一个很大的挑战。

三、练好舞步，让舞姿更优雅

1. 做好"三陪"

非业务出身的政委要想做到很好地"与业务共舞"，首先要做的就是了解业务，就是阿里政委经常说的"三陪"。"三陪"是指培训、陪练和陪访[9]，如图4-2所示。

```
培训 —— ·陪同学习员工需要了解的基本业务、文化知识
  ↓
  陪练 —— ·陪着员工去练习业务管理的场景
    ↓
    陪访 —— ·陪着员工访问客户
```

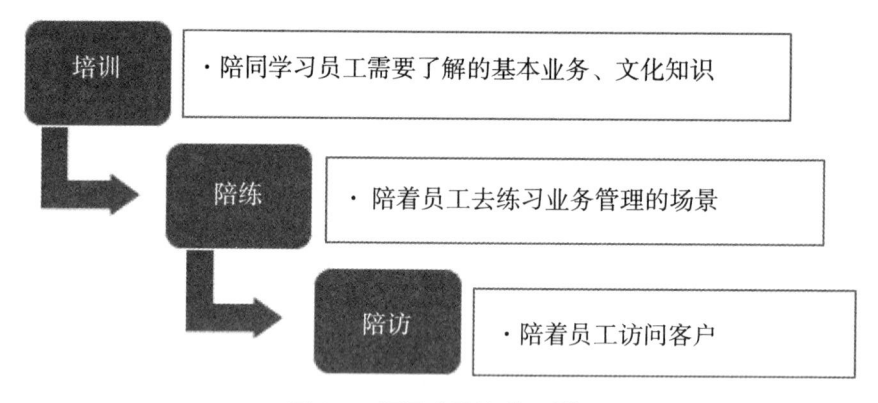

图4-2 阿里政委的"三陪"

【培训——陪同学习员工需要了解的基本业务、文化知识】

在阿里巴巴集团，人被视为最宝贵的财富。如何将每一位阿里人的个人能力成长融为持续的组织创新实践、集体文化传承，是对阿里巴巴集团建立学习型组织的最基础要求。因此，与阿里成长历程伴生的，是一个坚持"知行合一"的学习体系，在培训中讲究传帮带，培

训机制可以简要概括为16字方针，叫作"我说你听，你说我听，我做你看，你做我看"。阿里巴巴政委陪同员工学习业务的基本知识和文化知识，主要是通过阿里巴巴对新员工的入职培训和专业人员的业务培训。

阿里巴巴的新员工一般要经过1~3个月才能正式融入公司文化。为了贯彻公司文化，会为新员工提供一系列的企业文化方面的培训，如百年阿里、百年淘宝培训、百年诚信和百年大计等。阿里巴巴的新员工在入职三个月内采用"师傅带徒弟"的模式，老员工手把手教会新员工，HR在这个期间也会帮助新员工理解和体验公司文化，而入职6~12个月内还可以选择"回炉重造"[10]。

除了最基础的企业文化培训之外，阿里巴巴还会对员工进行专业技能培训，培训内容主要包括四个模块：运营大学、产品大学、技术大学及罗汉堂。

（1）运营大学：基于运营专业岗位的胜任力模型和公司战略方向，为全集团的运营人员提供学习内容和环境。纯自主研发适合阿里巴巴集团业务情境的100门专业课程，涵盖四大运营领域岗位，针对不同人群提供精细化的学习方案。

（2）产品大学：基于互联网产品经理的能力图谱，以业务方向为导向，采用多元化形式，提供综合培养手段。主要有三类课程：针对入职3个月内的产品经理的"PD新人特训营"和"产品大讲堂"；面向各个垂直领域高潜员工的产品经理委员会，通过定期、不定期的产品论剑、产品体验、游学交流等活动，实现沉淀专业知识，解决业务疑难问题。

（3）技术大学：面向阿里巴巴集团技术专业领域人才的成长培养。在专业课与公开课的基础之上，建立ATA技术沙龙，形成开放的技术人员交流平台，旨在挖掘好的、值得推广的思想、理念、技术等；同时根据公司重点发展的技术领域，邀请外部嘉宾，引入优质内容及分享议题，引导相关领域人员学习了解前沿最新、最牛的技术，拓宽眼界，促进内部人员思考成长。

（4）罗汉堂：面向阿里巴巴集团一线且入职在3年以内员工的通用能力培养基地。课程内容深度内化，贴合阿里工作情境，具备浓郁的阿里味道。所有课程植入互动体验式模块，以启发个体思考、创造行动改变。

阿里巴巴专业培训项目，如表4-3所示。

表4-3 阿里巴巴专业线培训项目

专业培训项目	培训对象		培训内容
运营大学	全集团的运营人员		快速胜任岗位的脱产学习、进阶技能的岗中学习、主题沙龙形式的视野开拓、高潜力员工交流成长的运营委员会等
产品大学	产品经理	入职≤3个月	PD新人特训营：认知集团产品架构、产品经理岗位认知
			产品大讲堂：进阶课程+实战案例+线下交流线上沉淀
		产品经理委员会	产品论剑、产品体验、游学交流等活动
技术大学	技术专业领域人才邀请外部嘉宾，引入优质内容及分享议题，引导相关领域人员学习了解前沿最新最牛的技术		在专业课与公开课的基础之上，建立ATA技术沙龙
罗汉堂	入职≤3年的一线员工		《情绪管理》《沟通，其实很简单》《在合作中成长》《组织高效会议》《结构化思维与表达》

阿里巴巴集团学习、培训体系的特点：知识都是有情境的，没有情境、背景的知识只是信息。因此，学习内容无论是专业或是管理，无论是技巧、工具或是理念、文化，都已浸透阿里巴巴集团业务场景和组织历史[11]。比如，管理三板斧：突破管理层级的集体行动学习。它包含管理人员的三项基础能力要求：Get Result（既要人的结果，也要事的结果）、Team Building（管理者必须要打造一支团队）、Fire & Fire（管理者要找到合适的人才，同时要会开除人）。以全景实战的方式，在真实的业务背景中，通过推动集体思考的方式，去提升团队的整体业务能力以及团队管理能力。这也是组织能力、组织文化传递强化落地的实战场。

【陪练——陪着员工去练习业务管理的场景】

如果说培训是传授一本秘籍的话，那么陪练就是手把手的教导，要把"纸上谈兵"的东西运用到实际中。此时，政委就是一个教练，把自己掌握的东西传授给一线业务人员。

陪练的时候要做好陪练准备，陪练前的准备工作要计划好陪练时间和陪练内容。陪练时间可以选择每天晚上外加周末半天机动，陪练内容并不是随意确定的，而是由政委和业务人员事先进行需求调查，针对共性问题进行演练。在陪练中，政委需要对业务人员进行指导，首先将需要演练的问题提出来，让业务人员进行现场演练，演练结束之后，政委纠正演练过程中业务人员犯的错误，用正确的思路和说辞进行现场演练，将正确的解决方法告知业务人员。

陪练后要对业务人员做一个考核，根据考核的结果进行总结，同时提炼出共性的问题，以便下一次演练时作为重点跟进。

演练无处不在，除了工作期间的演练，政委还可以建议业务人员和自己的家人进行演练,特别是很多家人对于我们的产品完全不了解,通过演练让家人也能明白其中的价值,那么客户也能听得懂,演练的目的就达到了[12]。

【陪访——陪着员工访问客户】

阿里政委还会陪着一线的员工,直接到市场周边去陪访。这样政委可以直接接触员工的工作场景,触碰到团队的温度,看到市场真正的问题,听到客户真实的声音。这是政委了解业务的一个非常重要的动作。张女士是 B2B 国际业务部(ICBU)某区的政委,她曾经用了两个多月的时间熟悉业务,还亲自跟随销售员拜访客户。"有一次跟业务员去拜访客户,那个工厂非常偏,到处破破烂烂,负责人穿着一个大裤衩蹲在地上,我们也蹲在地上跟他聊。"她感慨道:"你如果不去,永远不知道中国这些小企业是什么样子,更不可能帮助销售分析问题。"

业务出身的政委同样需要陪访。业务经验丰富的政委对主管进行陪访是为了提高他的辅导和 Double call(双重拜访)的能力,对业务人员进行陪访是为了提高他的销售技能。陪访时需要制订详细的陪访计划,明确陪访各个阶段的主要目的。初期陪访以思路和方法为主,主要是让业务人员了解大的方向,理顺整套业务流程,跟进思路和使用正确的方法;后期陪访以了解细节为主,当业务人员对于拜访客户的整套流程已经非常熟练、思路非常清晰的时候,需要从细节入手,找一些细节性的问题,提升业务人员的销售技能,如拜访客户时被门卫"绑架"该如何处理,对客户提出的业务方面的异议该如何解决,等等。

2. 开会的哲学

政委几乎会参加所有关于重要业务决定和管理的会议，和业务经理一起反复确认目标实现和达成的可能。政委参加的会议包括业务部门例会，如早会、晚会、周会、月度和季度总结大会，了解正在发生什么，将要发生什么。除了业务部门的例会之外，还有就是业务讨论会，尤其是一些项目的立项讨论、需求分析、新增营收"头脑风暴"这类的，别怕浪费时间，参加业务讨论会是提前预判用人需求和观察员工潜力的好机会[13]。参加业务部的各种会议还可以获知团队的业务目标，如果没有业务目标，政委会不知道做什么事情。政委是从人看回到所有事情，而往往有的业务经理是从事情看回到人。这是非常左右平衡的两股力量。有的时候当我们深陷其中一件事情的时候，往往我们很难去运用好这两股力量，我们需要通过团队成员的组合来完成[14]。

业务会议的内容可能都是业务线的汇报，但是政委参加会议不能跟着业务汇报线走，而是要站在业务的周围，关注业务和业务之间的关系是不是存在问题，是不是良性运转，这个业务线完成过程中客户要什么，他们的方向对不对，在整个逻辑上他们的配合是不是流畅。业务出身的政委在参加业务部门会议的时候，会容易犯错误，将关注重点放在业务上，动不动就参与业务讨论："你们这样做是不行的，应该……"到后来才会慢慢转变思维，从关注事的层面转向关注人的层面；从关注业务，转向关注人才。

3. 政委的"特权"

阿里巴巴的员工考核中，业绩和价值观的权重各占一半。在多数企业中，企业的文化价值观比较虚，在考核时只作为参考性因素，就算是量化至绩效考核体系中，也只占很少的比重。

在阿里巴巴是依托具体的分拆性评价，化为可考量因素，制约着每一个人。即使是事关公司命脉的销售人员也在此列。在不少公司，销售人员完成或超过业绩指标会活得很滋润，但在阿里巴巴未必。在拿客户订单时，明明知道已经有同事和对方有联系，你却以更低的折扣争取，唯一的可能就是被开除。其他的灰色行为也会反映在价值观的打分中。

在这个过程中，政委就充当着"恶人"的角色。每个员工的分数都是由直接上司来评定的，一旦遭到员工质疑，后者需要给出强有力的说明。同时，每个业务部门都对应着一个政委。这些政委的任务是负责观察业务之外的情况，看士兵的状态是否好，以及司令对团长、连长的沟通是否到位。可以说，阿里巴巴政委最大的权力就是评价员工的工作表现，甚至可以充当员工的"生死判官"，帮助业务经理裁人、说教、识别出势利、虚伪之人。在员工做得好的时候要及时告诉业务经理表扬员工、加薪和给予认可。如此大的权力背后更多的是阿里巴巴文化的支持，而并非政委本身的功能性选择[15]。政委在业务部招人时要与业务经理商讨业务的实际需求，提供选人的建议，懂得分析真材实料与过度包装应聘者的简历。帮助业务经理合理、充分使用人才，发挥员工最大优势，合理配置员工。

除了充当"生死判官"之外，政委还有一个"特权"就是绕开业务经理召开员工会议听取意见等。这其中很关键的一点就是绕过业务经理，这其实就是政委获得员工真实想法的一个途径，想方设法让员工畅所欲言，直属领导的缺席才能让员工真正放松，说出内心真正的想法。阿里政委会定期召开员工会议，采用员工会议的形式，让大家尽情"吐槽"，或是提出改进的意见。政委将会议收集到的信息整理后，可以和业务经理进行沟通，让员工受到重视的同时，还能够有效地缩短意见反馈的时间，提高团队管理效率。

本章参考文献

[1] 黄莺. 这戒指里有青春，有奋斗，有回忆 [N]. 钱江晚报，2013-07-09（A1）.

[2] 赵珂珂. 让 HR 做"政委"[J]. 企业管理，2016（8）：90-92.

[3] 天机. 全方位揭秘阿里面试、晋升、层级、培训体系 [EB/OL]. [2016-03-19].http://mp.weixin.qq.com/s/hhH3A-nsDa1XL_0QiI6aTw.

[4] 国嘉. HRBP 攻略：销售团队 HRBP 的四个定位与自我修炼！[EB/OL]. [2015-09-02].http://www.hr.com.cn/p/1423414623.

[5] 陈祖鑫. 阿里政委是如何解决和业务经理之间的冲突的？[EB/OL]. [2016-03-07].http://mp.weixin.qq.com/s/ZdeVBB1O-lVCerlDI0gtYg.

[6] 陈祖鑫. HRBP 攻略：与业务部门建立信任的三个公式 [EB/OL]. [2015-08-18].http://mp.weixin.qq.com/s/3657fk21KnZDhEBtk_Ew7A.

[7] 金错刀. 马云管理日志：全新修订版 [M]. 杭州：浙江大学出版社：2013.

[8] 商思林. 阿里巴巴打开魔瓶 [J]. 商务周刊，2007（12）：20-29.

[9] 陈祖鑫. 阿里政委为啥这么牛？史上最全阿里政委体系解密分析 [EB/OL]. [2016-11-16].http://mp.weixin.qq.com/s/zuyYS6N4T8vvkc9uMqPyiQ.

［10］魏和平.反对个人逞英雄——阿里巴巴培训"猎犬"清除"野狗"[J].企业文化,2010(4):37.

［11］李丽娜.坚持"知行合一"的培训体系 阿里巴巴集团学习体系探秘[J].传媒评论,2014(05):16-17.

［12］安徽海文盈通带你看阿里的员工培训制度是怎么样的[EB/OL].[2017-01-22].http://www.sohu.com/a/124934778_505091.

［13］不懂业务的HR不是好HR[EB/OL].[2016-11-09].http://www.xzhichang.com/Strategy/Article_115179.html.

［14］欧德张.阿里大政委的工作安排主要聚焦在哪些方面？[EB/OL].[2016-09-09].http://www.managershare.com/post/293503.

［15］别再把阿里的政委体系当作HRBP的样板！[EB/OL].[2017-01-03].http://www.hr.com.cn/p/1423415852.

第5章 阿里政委体系建设
——总政委、大政委、小政委

政委体系是阿里巴巴人力资源管理的特色。在区域层面，政委体系分为四层：最基层的小政委，分布在具体的城市区域，与区域经理搭档；第二层是大政委，与高级区域经理搭档；第三层就是阿里巴巴的总政委，最后一层是CPO（首席人才官），直接向马云汇报。在事业部层面，政委体系分两层：小政委设在部门级，总监以上配一个大政委。

阿里巴巴的人力资源管理体系到底经历了怎样的变革才会演变成现在被众多企业争先模仿的政委体系？政委体系在企业内部的定位是怎样的？

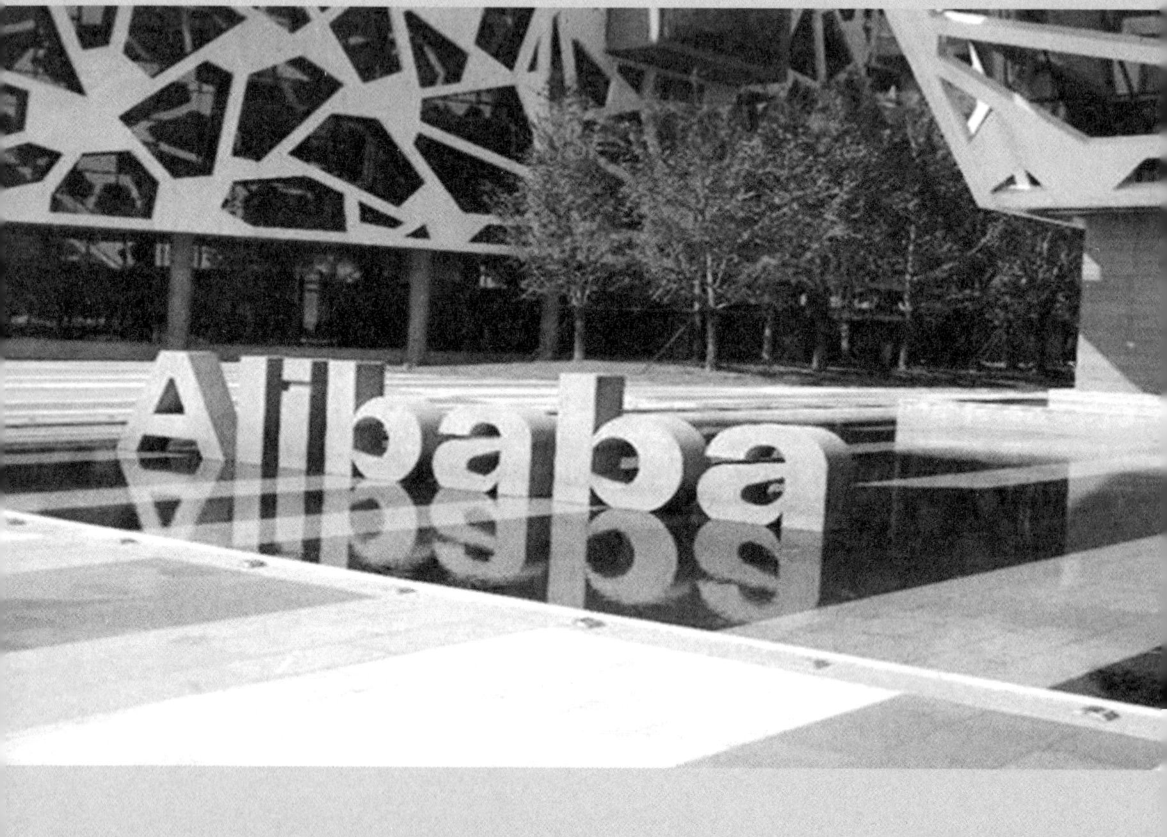
Alibaba

一、阿里巴巴的人力资源体系架构

1. 绩效体系"GE造"

说到阿里巴巴的功臣,首先让人想到的就是关明生,媒体对关明生的评价有"阿里妈妈""马云的'姜太公'"之称,可见关明生对阿里巴巴或者马云的重要影响。关明生是2001年加盟阿里巴巴的,在这之前他在GE(通用电气)工作长达25年。关明生给阿里巴巴带来了两样东西:GE的"271"绩效法则和价值观。

阿里巴巴的绩效管理体系就是由关明生亲自操刀,将价值观的考核纳入系统。重视价值观的作用其实是参考GE的做法。GE每年会针对各事业单位的主管打分数,区分出ABC三个不同等级的绩效表现。最杰出的A级员工必须是事业单位中的前20%;B级员工是中间的70%;C级员工约10%,GE以正态分布的活力曲线(Vitality Curve)来呈现这种概念。A级员工将得到B级员工2~3倍的薪资奖酬,而C级员工则有遭到淘汰的危机,如图5-1所示。

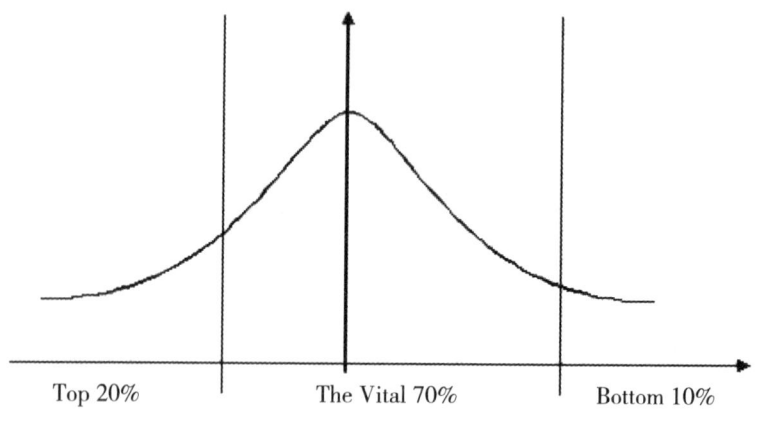

图 5-1 活力曲线

从 2003 年开始，阿里巴巴正式实施价值观和业绩的双重考核机制，用"活力曲线"和"271"法则分别考察员工的价值观和相对业绩。对员工业绩采用"271"法则考察时，对排名最后的 10% 的员工的处理上比 GE 更加人性化。

2005 年是阿里巴巴发展史上重要的一年，前有"淘宝网""支付宝"的诞生，后有阿里巴巴网络有限公司在香港的成功上市。在这承上启下的一年里，为了适应员工规模的迅速扩张，更好地管理人力资本，进而提升组织的核心竞争力，阿里巴巴加大人力资源管理投入，制定完善的人力资本战略，从而进入阿里巴巴 HR+ 三支柱发展的源头时期。

2. 阿里人力资源管理的"三驾马车"

【e-HR 平台】

马云从创业初期就十分重视人才，注重人力资本增值，将人力资

第5章 阿里政委体系建设
——总政委、大政委、小政委

源视为宝贵的财富。在 2005 年，对电子商务市场前景有积极判断的马云决定将资本和人才作为关键砝码。为了推进企业价值观和员工素质的融合发展，更好地管理人力资本，进而提升组织关键能力和核心竞争力，阿里巴巴组织 IT 和管理方面的专家进行人力资源管理的咨询论证，构建了统一的 e-HR 平台，这便是人力资源共享服务中心的雏形。

【人力资源管理的"三驾马车"】

人力资源结构是组织结构的一种外观表现，阿里巴巴的人力资源架构转变的原因之一在于其内在的组织结构的变化，如图 5-2、5-3 所示。

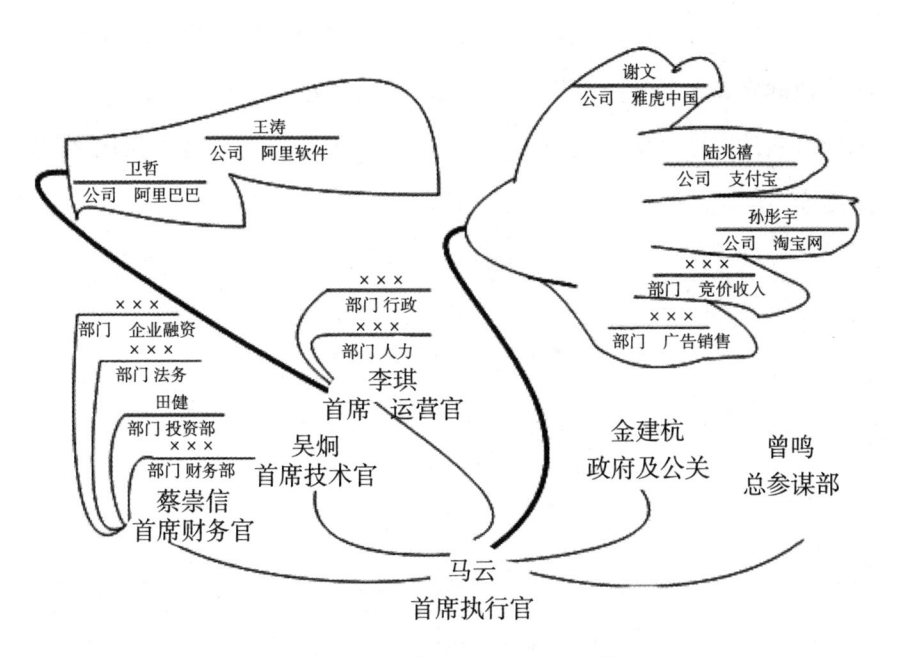

图 5-2　2006 年阿里巴巴组织结构图

阿里巴巴政委体系

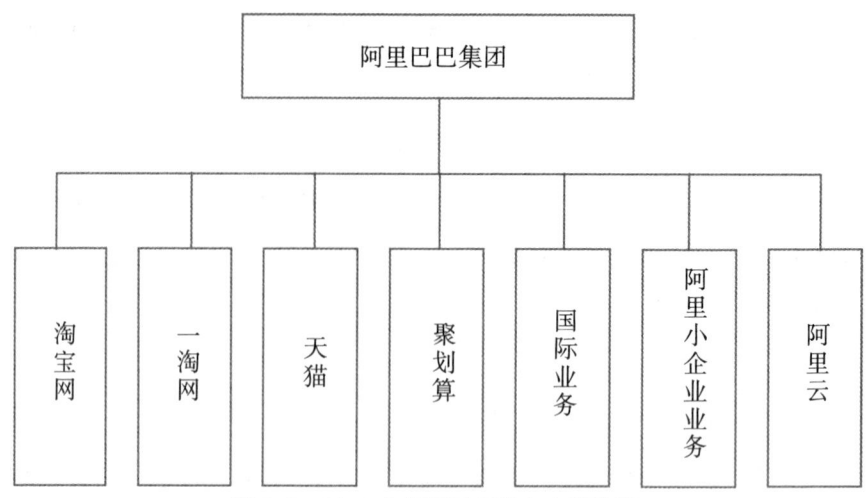

```
                    阿里巴巴集团
    ┌────┬────┬────┬────┬────┬────┬────┐
   淘宝网 一淘网 天猫 聚划算 国际业务 阿里小企业业务 阿里云
```

图 5-3　2012 年阿里巴巴的七大事业群

阿里巴巴在 2005 年收购雅虎，2006 年对公司进行组织结构重组，将公司拆分成 5 个全资子公司，即阿里巴巴、淘宝、支付宝、雅虎中国和阿里软件，变成集团式架构。从 2007 年开始，全资子公司的组织形式逐渐向事业部制转变，如图 5-4 所示。

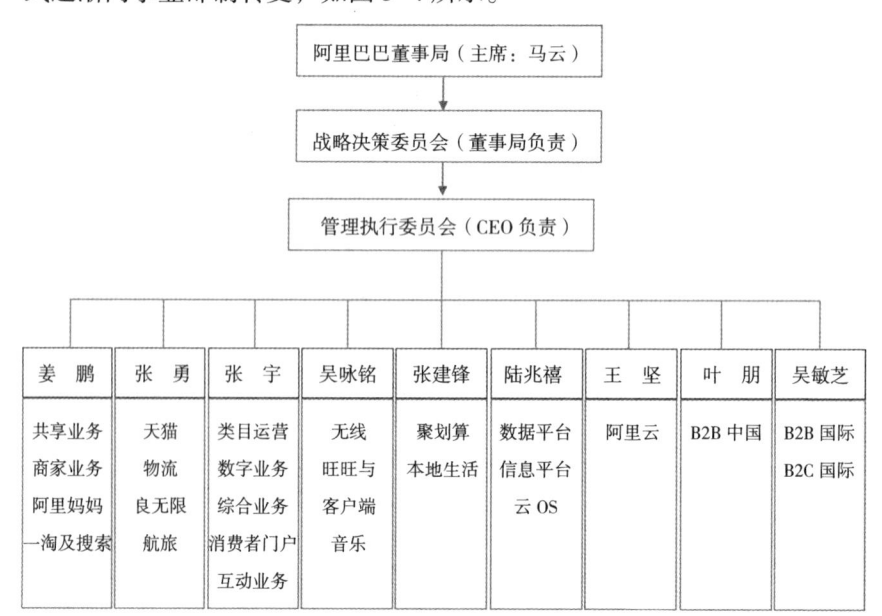

```
阿里巴巴董事局（主席：马云）
        ↓
战略决策委员会（董事局负责）
        ↓
管理执行委员会（CEO 负责）
        ↓
```

姜鹏	张勇	张宇	吴咏铭	张建锋	陆兆禧	王坚	叶朋	吴敏芝
共享业务 商家业务 阿里妈妈 一淘及搜索	天猫 物流 良无限 航旅	类目运营 数字业务 综合业务 消费者门户 互动业务	无线 旺旺与客户端 音乐	聚划算 本地生活	数据平台 信息平台 云 OS	阿里云	B2B 中国	B2B 国际 B2C 国际

图 5-4　由七大事业群拆分而成的 25 个事业部及负责人

第5章 阿里政委体系建设
——总政委、大政委、小政委

在变成事业部制之前,阿里巴巴的 HR 都是采用集中式管理,各子公司采用事业部制之后,相应的人力资源管理功能也变得比较完善,集团对 HR 的管理方式开始发生转变。首先是梳理人力资源管理工作流程,按流程的标准化及规范化程度进行分类;其次是建立集团统一的 e-HR 平台;最后就是将标准化程度比较高的人事管理工作,如差旅费报销、工资发放、档案管理、"五险一金"、休假、合同管理等交由 e-HR 平台处理。整个集团的人力资源管理效率大有提升,政委、人力资源专家中心(HR COE)及人力资源共享服务中心(HR SSC)共同组成了现有阿里人力资源管理的"三驾马车"。

政委,也称 HRG(HR Generalist),是阿里巴巴在各个事业群和业务部门的 HR 通才。阿里巴巴政委主要是从业务线转过来的,他们熟悉业务并且能够比较深入地了解人和事,对事业群进行组织变革推动和服务支撑。在业务部,政委就是人力资源内部与业务经理的纽带,既能帮助业务部门更好地维护员工关系、协助业务部门经理更好地使用人力资源管理制度与工具管理员工,同时也能利用其自身的人力资源专业素养来发现业务单元中存在的各种问题,从而提交给人力资源专家中心来解决问题和设计更加合理的人力资源工作流程。

人力资源专家中心由组织发展部、校园招聘部、社会招聘部、企业文化部、薪酬福利部等构成。组织发展(Organizational Development,简称 OD)部分为平台 OD 和业务 OD。平台 OD 负责公司大体系发展、高管领导力发展和商业教练,业务 OD 则直接驻点在各个事业群,负责事业群相关的组织架构、人才盘点、业务复盘。校园招聘部负责阿里巴巴集团的校园招聘策划、招聘录用分配、新大学生培养(培训)计划及实施。社会招聘部主要负责高级人才猎聘,并在各个事业群与政委协同。总的来说,这个平台主要针对员工使用、员工发展、薪酬福利、组织绩效、员工关系和组织关系等方面出现的问题，提出建议并设计有效的解决方案，为公司变革服务。

人力资源共享服务中心是针对员工的服务呼叫中心，在薪酬福利、差旅费用报销、工资发放、档案管理、社保、公积金、假期、合同管理等基础人事业务方面为员工提供全方位的统一服务，提供标准化、流程化的服务，使主管和 HR 从操作性事务中释放出来，提升 HR 整体服务效率。HR SSC 是 HR 效率提升的驱动器，其使命是为 HR 服务目标群体提供高效、高质量和成本最佳的 HR 共享服务。为此，HR SSC 通常需要一个分层的服务模式来最大化工作效率。

在阿里巴巴，"三架马车"是如何拉动人力资源系统良性运作的呢？如图 5-5 所示。

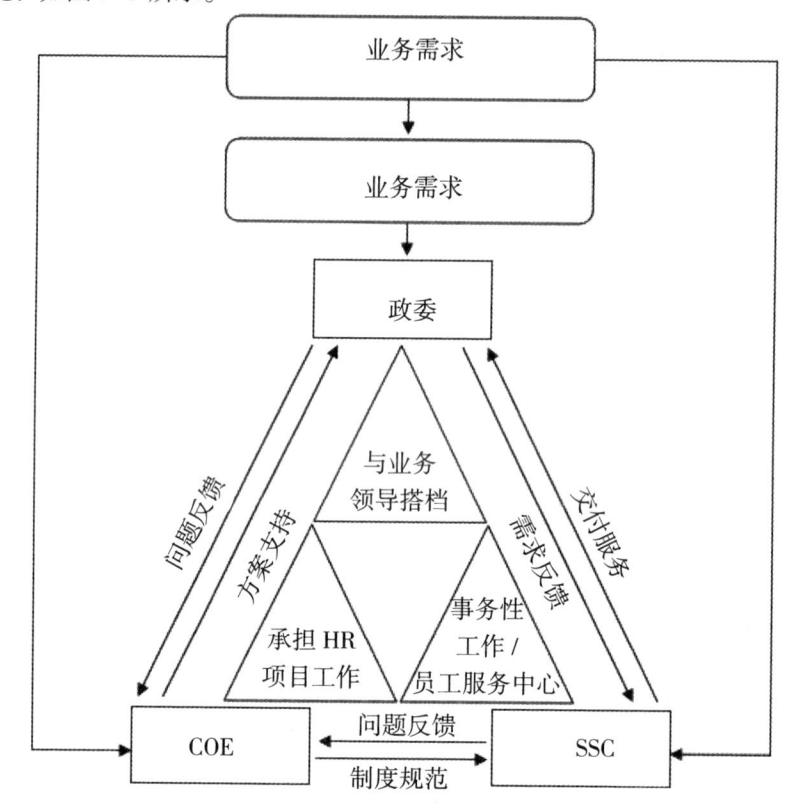

图 5-5 阿里人力资源管理的"三驾马车"

如果 HR COE 和政委的沟通不畅，将无法确保 HR 政策支持业务发展。这就需要二者把沟通变成习惯，并将沟通节点流程化，形成闭环。HR SSC 扮演的角色主要有：

员工呼叫中心：支持员工和管理者发起的服务需求；

HR 流程事务处理中心：支持由 HR COE 发起的主流程的行政事务部分（如：发薪、招聘）；

HR SSC 运营管理中心：提供质量、内控、数据、技术（包括自助服务）和供应商管理支持[1]。

二、阿里巴巴政委体系架构

政委作为阿里巴巴人力资源管理"三驾马车"中的一个重要力量，不仅仅是存在的一个岗位名称而已，而是有着比较完善的政委体系做支撑。政委体系可以说是阿里巴巴人力资源体系的最大特色。我国红军创立之初，借鉴苏联红军的做法，在人民军队中着手建立政治委员制度，真正关注战争中参与人员的精神作用，把原来粗糙的战争动员变得长期化、专业化。数十年来，政治委员制度伴随我军的成长逐渐成为我军一块不可缺少的坚固基石，发挥了无可替代的重大作用。阿里巴巴的政委体系从理论和方法上均借鉴于此。

所谓的阿里政委，实质上是公司派驻到各业务线的人力资源管理者和价值观管理者，与业务经理搭档，共同做好所在团队的组织管理、员工发展、人才培养等方面的工作。阿里政委的结构框架为：首席人才官（CPO）下设总政委；总政委下设大政委，在事业部与事业部总监及以上的人物搭档，在区域是与大区经理搭档；大政委下设小政委，在事业部是多部门共享一个小政委，在区域和城市区域经理搭档，如图5-6所示。

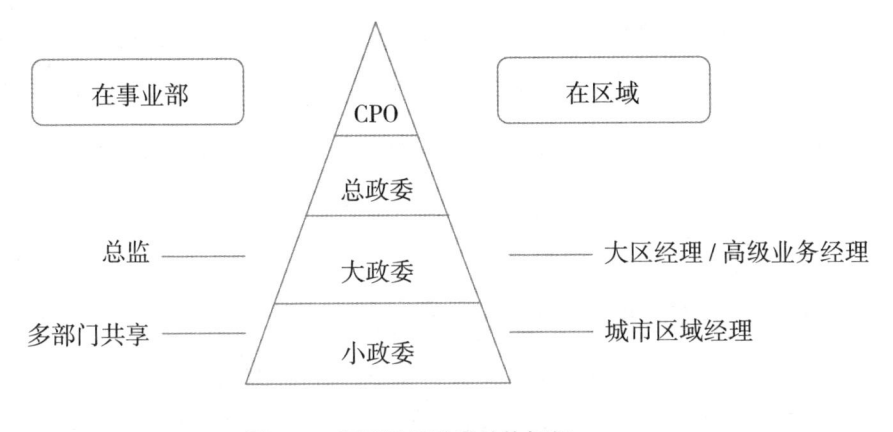

第5章 阿里政委体系建设
——总政委、大政委、小政委

图 5-6 阿里巴巴政委结构框架

1. 大政委

一般来说，一个大事业群下面有 15 个左右的政委。一个大的部门下面有一个大政委带 3~4 个小政委。阿里巴巴大政委的工作内容并没有那么规范化、标准化和框架化，总部人力资源中心往往只提供大的方向。大政委的工作方向有三个：业务方面、组织与人方面、文化方面。

【业务方面】

（1）参与业务会议，与业务主官共同探讨目标实现和达成的可能。

很多人认为政委最重要的是知晓人力资源目标，其实并不是。如果没有业务目标，阿里的政委反而会失去工作目标，不知道具体要干什么。

日常工作中，政委和业务经理的思考逻辑是不同的。政委往往是从人看回到所有事情，去思考哪些人更适合做哪些事；业务经理是从事情看回到人，思考完成这些任务需要哪些人。

不管用哪种逻辑去看问题，双方都会重视一件事情，就是目标！在阿里，所有事情都是基于目标来做的。而不是就业务谈业务，就文化谈文化，就组织谈组织，这样是没有意义的。

（2）了解业务目标背后的逻辑，实事做虚。

了解完整个业务目标和业务制定的来龙去脉之后，政委要做的就是如何把业务目标做虚。比如说，2000万，5000万，1个亿的业务目标，对于组织和团队的意义又是什么。业务目标是用数据来支撑的，但是数据是冷冰冰的，政委的工作就是要将实实在在的业务目标做成虚的，让数字呈现为一个右半脑的思考，比如朗朗上口的口号。

（3）根据业务目标完成的重要节点，制订大小型活动的推进方案。

当达成目标的时候，一定会有各个业务完成的节点。如"下半年的业绩目标是上半年的两倍或三倍；让'双11'成为全年业绩的最高峰，达成日常最高峰的五倍或十倍"，这些就是所谓的业务节点，把达成业务目标的可衡量指标放到时间排期里，就可以开始制订各种大型或小型活动的推进方案。

比如，"双11"的启动大会，需要大家把很多的情感、目标、承担、感恩、坦诚全部放进来，所以这个启动大会需要"大火猛炒"，需要全员非常投入，激情四射。当然除了"大火猛炒"外，还需要"温火慢炖"，"温火慢炖"是指每个月的小启动会。每个月和每个季度的团建活动是什么，在哪个阶段大家需要做一次彼此坦诚的裸心会，什么时候大家可能需要做一次情感银行的储存，这些都是需要放到时间节点里面去的。

【组织与人方面】

（1）围绕业绩目标进行组织架构的梳理和岗位招聘需求的制定，每个月做离职分析和人效分析。

在阿里巴巴，遇到人员频繁离职，首先要做的就是离职分析。对员工的离职原因进行分析，不同时间离职的原因也大有差异。如刚进公司一个月马上离职的，很可能是 HR 招聘渠道和前期沟通的问题；如果是进公司三个月内离开的，很可能是对产品或管理者没有信心；如果是三个月到一年之间离开的，最大的问题是管理者授权激励和辅导不够；如果是进公司一年到三年内离职的，多数是成长空间的问题；三年以上离职的，那就一定是文化不匹配，或个人能力和公司平台不匹配。只有详细地做了离职分析，才可以确定各方面的抓手和要做的事情到底是什么。

关于做人效的分析，可以按照入职时间来回顾一下，一年以内的人效如何，三年以内人效又是如何的。如果是一年以内者，人效很低，就提供关于业务知识模块成长的培训，帮助其快速成长。如果是三年以上者，人效偏低的话，往往是他们对于"三年陈"员工的薪酬体系以及对组织的信任出现了问题。政委就要对症下药，增强其向心力和信任感。

（2）关注具有非权力影响力的人群。

具有非权力影响力的员工往往拥有良好的群众基础，对于团队和某个区域的行为都会有很强的导向性。虽然这些人此时不在权力的位置上，但他们可能是未来权力的拥有者和潜在的管理者。

这些人的影响力很多时候甚至是超过权力位置上的人的。政委需要经常跟这些具有非权力影响力的人群做好情感沟通，聊聊天，吃吃饭。这些微不足道的事情很有可能会帮助到真正权力的拥有者，降低他的管理成本，降低他在整个公司的制度政策落地时遇到的阻力。

（3）做好管理干部的培养工作。

阿里巴巴在管理干部培养上,通常采用的是其著名的"三板斧":揪头发、照镜子和闻味道。

(1)揪头发。

管理干部最容易出现的问题有三个:

本位主义——屁股决定脑袋;

急功近利——捡了芝麻丢了西瓜,短期目标与长期目标的平衡问题;

圈子利益——山头林立各自为战,大团队的战略与小团队的发展的取舍问题;

揪头发就是希望他们时刻反思,时刻知道自己所处的位置。

(2)照镜子。

在阿里的管理团队中,认定彼此就是对方的土壤,彼此成为对方的镜子是一件非常有挑战的事情。而既然希望通过别人的镜子看到更加全面真实的自己,首先需要学会的就是如何才能做一面镜子。

(3)闻味道。

在阿里,一定要有的味道是:简单信任。这个简单说的是简单真实,管理者需要做真实的自己,将心比心,不矫揉造作,不粉饰太平。而简单背后的关键,在于信任,"因为信任所以简单",这个简单,真的不简单,因为每一个看似简单的背后,都需要有强大的内心与自我管理。

【文化方面】

文化不是单独生存的,如果仅就单独的文化而言,政委要做好以下两件事情:

(1)关于企业"高压线"的宣导。

在企业里面，一定要有边界和"高压线"，在阿里也叫"天条"。这是价值观的重要组成部分，价值观不仅要扬善，还要惩恶，这才是广义价值观的全部！员工对价值观文化的感知来自你招聘了谁，辞退了谁，奖励了谁，晋升了谁，惩罚了谁，这才是员工切切实实看到的关于价值观文化的部分。

（2）文化用故事来传承。

故事是有灵魂的证据，如果跟员工一直讲价值观，慢慢会变成陈词滥调，所以价值观要以故事的形式传承，增强故事的生动性和趣味性。故事不一定要很长，不一定要告诉员工应该做什么，但可以告诉员工别人正在做什么。作为大政委，首先要做一个首席解释官，解释企业的愿景、使命、价值观、标杆人物、企业文化。其次要做的是首席激励官，每次出现在任何一个员工面前，都是在做激励。再次是做好首席教育官，不断帮助员工成长，让他们的职业生涯更有价值。最后要做的是卓越领导者，重点关注员工成长和培训。

2. 小政委

一般每个大政委下面会有 3~4 个小政委，但是小政委的工作并不是按照招聘、培训、考核、员工关系这样的职能模块划分的，而是每个人负责部门内一些二级组织单元的全 HR 模块。阿里巴巴小政委的工作还有专门的"宝典"，其工作内容可以用流程图进行展示，如图 5-7 所示。

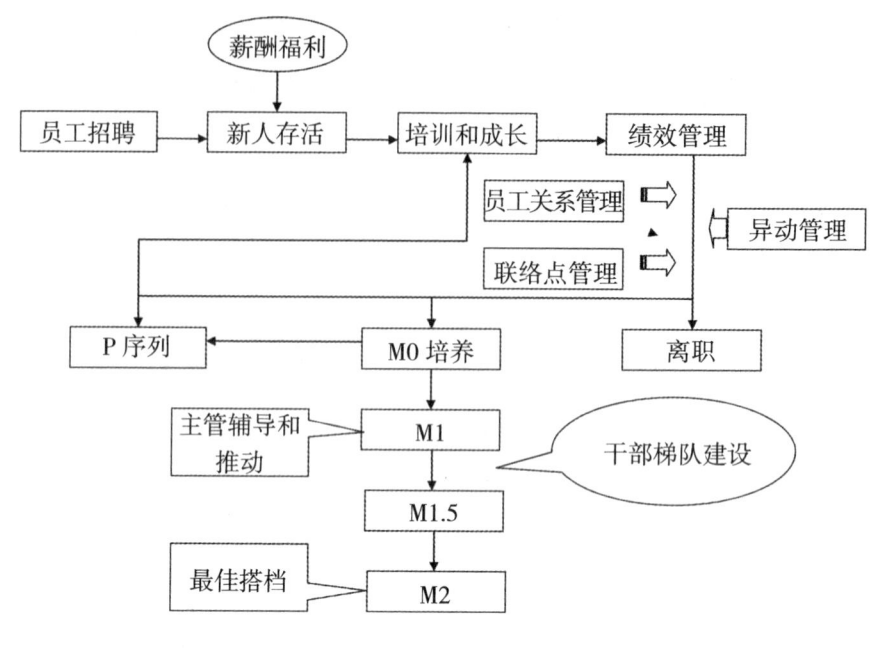

图 5-7　小政委的工作流程

【薪酬福利】

　　薪酬福利是关系员工切身利益的重要内容，所以小政委首先对公司这方面的制度要非常熟悉；在员工面试过关以后，新人上岗的时候要对员工做好培训，让员工没有后顾之忧；薪酬无小事，在员工晋升、调动、降级等关系员工薪资变化的时候，一定要做好事先的告知和解释工作；在日常的管理过程中，关系员工薪酬的奖励、扣款要做好数据的保存，并且上报，给以及时、严谨的奖励和处罚，如表 5-1 所示。

第5章 阿里政委体系建设
——总政委、大政委、小政委

表5-1 薪酬福利管理环节小政委的操作手法

小类	关键点	操作指导
工资	日常记录	①考勤要督促行政每天发出，并且在每个月固定时间发给HR考勤总表 ②后台发出的罚扣款邮件，如拜访量、回访、批示违规、二次认证等等，要有专门的邮件文件夹保存 ③自己发出的罚扣款邮件一样要有专门的邮件文件夹保存 ④售后补贴在月初就和财务进行核对，每个月核对上个月新增的人员名单
工资	发出	每月在薪酬福利部发出邮件上的指定时间之前发出，关系薪资变动的要发到payroll邮件组，其他区域HR只要发给各自的大政委即可
福利	五险一金	①向当地中智咨询缴纳五险一金的缴纳政策和具体比例，在新员工上岗时就做好培训 ②员工办理相关手续（如支取、报销、转移等）的申请资料、审批流程要了解清楚
福利	年度体检	①每年6、7月间总部薪酬福利部发出通知 ②联系当地医院，咨询价格和各项检查能否做，从中优选出最佳的方案报总部，可请行政协助 ③和医院确定体检时间，发出通知邮件，体检当日做好协调工作 ④和医院结算费用，并将体检结果反馈给总部
福利	休假	公司假期政策自己要非常清楚，并且在新人培训时讲解
福利	其他	当公司有新的福利政策出台（如3/5/8年报销）时，第一时间下达给员工 特别注意：员工收入证明等统一让员工进入内网申请

【招聘】

招聘是小政委的工作中最基础的，也是最重要的，招聘环节的具体操作方法如表5-2所示。

表5-2 小政委的招聘工作要点

类别	关键点	操作指导
制订招聘计划	年度招聘计划	每年9月制订下一年度的人员计划： ①和区域经理沟通，明确下一年度的组织结构，确定新增主管组和人员数量 ②根据区域业绩增长、人员离职方和架构要求制订出每个月招聘人数的计划
	月度招聘计划	每月20日左右制订下一月度具体招聘渠道计划： ①向大政委和招聘部门提交下个月招聘的人数计划（依据年度计划和离职补员情况） ②提交希望的招聘渠道以及需要如何协助
常规招聘	时间	和业务经理商量每周固定一个时间点面试
	面试	①考核点：参照"北斗七星选人法" ②面试记录表：认真记录和填写 ③对面试过关者：进行公司和岗位情况的介绍，以及工作地点、薪资福利方面的介绍
	终试前电话跟进及背景调查	告知终试时间，让其注意接听电话，再次简单介绍和确认公司价值观和岗位情况以及薪资，做好背景调查
	内网内部推荐处理	按照公司规定三个工作日之内做出及时处理： ①电话预约时间 ②面试

第 5 章　阿里政委体系建设
——总政委、大政委、小政委

续表

类别	关键点	操作指导
专场招聘	计划申报	在月度计划中提出合理的专场要求，确定好时间和规模的要求，申报给大政委和招聘部
	招聘部	和招聘部确认场地、流程、分工
报到	体检	①在体检系统输入体检人员名单 ②关注反馈结果，并及时咨询
	发 offer	①恭喜对方通过面试 ②介绍公司的工资待遇及相关员工福利，特别是五险一金、年休假等福利 ③询问对方有什么疑问并予以解答 ④发送报到通知和聘用意向书
	报到前跟进	①去百大（入职培训）报到前约到区域和主管及组员再做一次沟通，主要是讲百大的一些注意事项，以及和主管及团队之间的交流和沟通，以保证报到率，特别是中间有大的节假日时 ②发百大注意事项邮件，再次以温馨的形式提醒各注意事项并预祝学习顺利
	发入职邮件	按照模板在规定时间内提交百大入职人员名单
	报到反馈	对于未报到的人员，要进一步跟进，了解未报到原因，以便在招聘环节加以改进

（1）面试的基本要求。

政委作为面试官，首先要注意个人形象，要保持良好的精神面貌，佩戴好工牌，着正装，保持微笑。其次是对待面试者要以礼相待，把每

< 133 >

位面试者都当成是客户，注意不能当场拒绝面试者，以免造成面试者心理上的阴影和人格上的伤害。最后就是整个面试过程要规范操作，面试官要保持专业的态度，时刻维护公司形象。

（2）招聘环节的注意事项。

在进行招聘之前要和业务经理共同制订招聘计划，招聘计划包括月度招聘计划、季度招聘计划和年度招聘计划。其次是要引起业务经理对招聘的重视，推动业务经理参与到整个招聘过程中来。业务经理和政委面试时，可以采用"北斗七星选人法"（见图5-8），对于政委和业务经理都有争议的人选要谨慎。最后是要注重对面试者的品格测试。

"北斗七星选人法"讲的是面试时要从下面七个方面进行判断：①诚信：诚实正直，言行坦荡。②要性：对财富积累、事业成功、他人肯定、个人成长等各方面的欲望和目标。③喜欢干销售：认为销售工作有意义、有价值、值得投入，视销售为自己的职业和事业；对销售工作有兴趣、在销售工作中能体验到乐趣；认为自己适合从事销售工作，并做了相应准备。④言出必践：设置具有挑战性和可行性的短期和长期目标，保持对目标的忠诚和专注，通过踏实工作致力于目标的实现。⑤悟性：通过对工作反思总结、与他人交流、自我学习等方式，对工作知识经验进行吸收、归纳、演绎和迁移，从而不断更新知识结构、提高工作技能、增强适应性。⑥又猛又持久：具有吃苦耐劳、勤奋务实的个人品质，抗压性高、坚持性强，能正确对待挫折和困难，具有应对和化解压力的技巧；善于控制情绪，保持积极心态；善于激发和维持自己的工作激情，保持良好的工作状态。⑦Open：乐于与人相处并易于相处、有热情、热心，在人际交往中不自我封闭，愿意表露和分享，善于建立和保持良好人际关系，如图5-8所示。

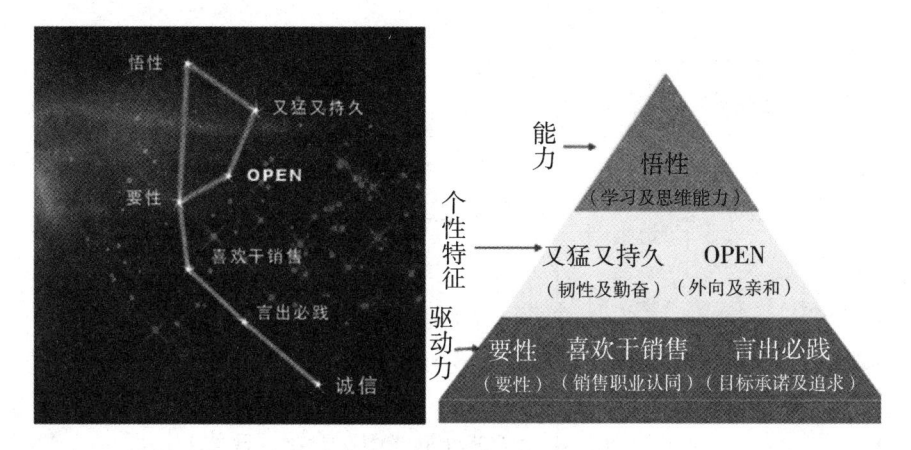

第5章 阿里政委体系建设
——总政委、大政委、小政委

图 5-8 北斗七星选人法

【新人存活】

新人的入职适应需要小政委来主导，同时需要业务部门主要来参与完成这个工作，特别是新人的直接主管，所以在入职适应这一块，除了做好自己的工作之外，小政委更要重点关注主管和经理的工作是否做到位，要有一个合理及时的检查机制，保证各项任务的落实，如表5-3所示。

表 5-3 新人"存活"流程表

时间	负责人	事项	内容	完成时间
入职前	政委	招聘	送阿里人刊物、名片（复试通过）、企业文化交流	当天
	主管、经理	招聘	通过面试后，给应聘者名片	当天
	政委	百大报到前沟通	当地区域当面沟通、外地电话沟通	报到1周内
	政委	邮件	报到注意事项、区域情况简介	报到1周内

续表

时间	负责人	事项	内容	完成时间
百大期间	政委	确认学员报到	与员工短信、电话确认；要求新人每周给政委、主管打一次电话	报到当天
	政委、主管、经理	学员周报的及时回复	学员在周六晚10点前发周报，并在周报中总结学员情况	每周二前
	主管	欢迎新人	邮件形式团队介绍：政委/经理	1周内
	主管	电话沟通	每周不少于1通电话（侧重点：第一周——欢迎、团队概况；第二周——学习情况沟通；第三周——上岗前准备、了解学员需求）	1次/周
	政委	电话沟通	了解员工心态、融入情况、和主管沟通情况	≥2次/届
	政委	与百大班主任沟通	了解员工心态、学习情况	≥2次/届
	行政	学员加入短信平台	毕业前最后一周的短信加入	毕业前1周
	政委	培训结束前的电话沟通	①告知其回区域的时间和地点 ②关心其行程和培训学习情况 ③为其加油，并祝其顺利毕业等	毕业前夕
	经理	鼓舞士气	在培训期间有一次电话沟通	1次/届

第5章 阿里政委体系建设
——总政委、大政委、小政委

续表

时间	负责人	事项	内容	完成时间
上岗三个月内	经理	给新员工开通CRM	按照现有格式发邮件给高级经理	员工到区域报到当天
	政委、经理	上岗谈话	①首先表示对员工顺利通过百大培训的祝贺，同时表达区域对他的欢迎 ②来公司一段时间了，让员工谈谈自己这段时间的感想 ③了解他对目前工作的想法及对自己未来的计划 ④了解他希望经理／主管／政委给予他什么样的帮助 ⑤对公司的建议及公司对他的期望 重点：调整新人的心态；指点新人快速融入团队的方法；提升新人主动意识（打印新人手册、区域通信录）	3天内
	主管	上岗谈话	在上岗3天内，主管要和新员工进行上岗谈话，谈话内容包括： ①明确岗位职责 ②交流相互期望 ③讲解相关制度和操作规范 ④制订试用期内相关培训计划（行业知识、销售技能、产品促销等） ⑤制定试用期工作目标	3天内
	政委、经理	沟通	新人圆桌会议	1次／月
	主管	新人上岗第一周安排	①给售后服务专员拎包至少一天 ②给客户专员拎包至少两天	第一周

【培训】

培训要根据区域的情况，对区域人员分类管理，对不同的人群进行数据分析和需求了解，然后制定培训的课程，设置固定的时间，把培训做成体系化。在这个过程中要发挥好主管和团队中积极分子的力量，如表5-4所示。

表5-4 员工培训操作手法

小类	关键点	操作指导
新人百大培训	实战演习（心态和技能）	配合培训部，提供讲师和拎包师傅的资源
六个月内新人培训	技术战术	调整心态
		整套销售技巧的培训
0cash培训	压力和方法	每个月的后期进行，主要是施加压力和教授方法
老员工培训	心态和职业规划	心态——倾听他们的声音
		职业规划方面的培训

【绩效考核】

绩效考核首先要和业务部门达成一致，一起来重视绩效，对主管和业务要做好培训，特别是主管。在打分的环节，小政委自己还是要做好细致的工作，保障整个打分符合实际的情况，后期做好总结跟进，下一次可以再次改进；强调绩效考核重在平时，不是一种工具；平时要注意价值观案例的收集，如表5-5所示。

表 5-5 绩效考核的操作手法

小类	关键点	操作指导
主管的培训	重视绩效	在主管层面进行培训，重视绩效，并且强调绩效考核是日常的工作
KPI 设定	KPI 以及权重	和区域经理根据自己区域情况和短板确认 KPI 和权重，提交大政委确认
绩效评分	客观公正	在规定时间内完成评分并且提交文档
面谈前	主管为主、政委控制	事先通知面谈时间和地点，提前半个小时准备好事例，对于需要政委和区域经理参与的面谈要事先预约
面谈中		注意倾听，有事例支持，做好记录，对于绩效考核 3 分的员工做好员工绩效改进表格
面谈后		督促主管给员工发出反馈，跟进主管的核查

【员工关系管理】

区域员工关系管理的重点在于推进区域团队氛围。要根据本区域的情况，与区域经理确定好基调，然后用各种方式有节奏地推进团队氛围；平常和员工的交流中要多注意倾听，以便了解大家的心声和情况，如表 5-6 所示。

表 5-6　员工关系管理的操作手法

小类	关键点	操作指导
团队氛围推进	区域活动	①和区域经理沟通想要的氛围和需要的活动形式，确定活动的目的 ②和行政、协调、策委会一起构思活动方案，充分发挥后台作用 ③行政负责活动审批、费用申请以及场地、交通、食宿等安排 ④活动结束后主要筹划人员可以一起总结，并且发出邮件继续让氛围延续
	小组活动	由主管主导，交给团队自行完成，HR 主要是给予必要的费用、后期报道等
	邮件推进	根据区域氛围需要，用邮件的形式定时定期进行氛围推动
	短信推进	自己发短信或者通过协调的短信推进氛围，注意节奏和其他形式的配合
员工关注	圆桌会议	和区域经理沟通最近的策略重点、关注群体，然后圈定名单，安排时间、场地
	主管探讨	每周都要和每个主管至少做一次团队人员架构和团队成员状况的沟通
	员工谈话	新人谈话、转正谈话、绩效面谈、与面临考核员工的谈话都是比较正式的谈话，平时不定时的沟通也是必需的

【员工异动管理】

关系员工的任何问题都是大问题。人事无小事，当有人的问题出现的时候，要立刻放下手中的工作，第一时间来解决，切记关系到人的事情不能过夜。在平常的工作中要有一定的嗅觉和敏感度，会闻味道，争取做到防患于未然；在解决人的问题的过程中，要有同理心，能够站在员工的角度去看问题，去理解员工；在人的问题上，要和经理、大政委做好及时有效的沟通，从而保障团队的健康发展，如表5-7所示。

表5-7　员工异动管理的操作手法

小类	关键点	操作指导
员工调动	晋升	①晋升谈话，和区域经理配合，区域经理主要负责业务层面，政委负责制度的讲解 ②区域经理发出晋升邮件，大政委批复以后，发调动邮件
员工调动	调岗	①调动谈话 ②区域经理发出调动邮件，大政委批复以后，发调动邮件
员工调动	降级	①降级谈话 ②区域经理发出降级邮件，大政委批复以后，发降级邮件
员工离职	辞职	①主管、区域经理、政委谈话，了解辞职的原因，合适的员工要挽留 ②让无法挽留的员工第一时间手写《辞职报告》 ③通知大政委进行沟通 ④挽留无果的办理手续，交客户合同、工牌、客户交接单之后，签署《离职须知》，区域经理发离职申请给大政委批复以后，发离职邮件 ⑤把《辞职报告》和《离职须知》存档
员工离职	辞退	①违反"高压线"（或者违反公司其他规定）：谈话后，立即办理手续，签署"解除劳动合同–无赔偿–无竞业禁止"协议 ②新签二次考核没有过关人员，转岗谈话后选择离职的，马上要员工写《辞职报告》，办理离职手续，签署《离职须知》，区域经理发离职申请给大政委批复以后，发离职邮件 ③按照转岗制度要求转岗人员，转岗谈话后选择离职的，马上要员工写《辞职报告》，办理离职手续，签署《离职须知》，区域经理发离职申请给大政委批复以后，发离职邮件

【干部梯队建设】

干部梯队建设是一个任重而道远的工作。首先业务部门和小政委要把这些要培养的人放在重要的位置，给予最高的关注；其次，对于培训和在岗锻炼要形成体系化，做好及时的跟进；最后，总结评估要坚持持续地做，同时要做好提升点的跟进，如表5-8所示。

表5-8 干部梯队建设的操作手法

小类	关键点	操作指导
M0.0	培训	管理培训、其他部门的培训，开拓视野，上个台阶看问题
	在岗锻炼	做讲师、师傅、会议主持、组长
	总结评估	每个月主管做总结评估
M0	培训	区域主要是放在M0.0一起做培训后期的跟进
	在岗锻炼	做讲师、师傅、会议主持、组长
	总结评估	每个月主管做总结评估
M1	总结评估	重中之重
	日常辅导	经理和政委的日常辅导
	主管论坛	小政委要推动策划、组织、实施区域的主管论坛 ①论坛举行前要和经理沟通论坛内容，明确论坛目的 ②在论坛中小政委自己要能去讲，利用案例讲解人员管理的原则、思路、方法，或者推动区域经理、优秀主管做分享，这样才能保证论坛不是单一地围绕业绩来做
M1.5	培训	配合公司的培训
	在岗锻炼	代理经理
	总结评估	每个月对重点人员进行评估

三、阿里政委的定位

实际上,建立阿里政委体系也是希望 HR 距离业务更近一点,距离公司领导者更近一点,只有 HR 主动嵌入业务,走近公司领导者,足够熟悉业务之后,政委才有机会去谈"战略",做真正的"业务伙伴"。关于阿里政委的定位,有个形象的说法是:上得厅堂,下得厨房。具体对政委的定位是怎样的呢?可以从角色定位和职能定位两个方面细说。

1. 角色定位

角色定位就是指阿里政委在集团组织和业务部门中扮演怎样的角色。阿里对政委的要求就是确保公司的战略和文化、政策制度在各业务部门的推行和贯彻,同时还要深入挖掘业务部门的管理需求,切实解决业务部门发展的难题和瓶颈,特别是在关键人才招聘、干部培养、员工关系融合和部门氛围创建方向有所建树,为业务部门的发展提供有实效的解决方案。这样看来,政委既不单纯是集团人力资源的形象大使,又不单纯是业务部门利益的代言人,而是将两者完美统一起来的纽带。

阿里巴巴政委体系在创立初期对政委的角色设定是:关于"人"

的问题的合作伙伴、人力资源开发者、公司与员工之间的"同心结"和桥梁、企业文化的倡导者/贯彻者/诠释者,如图5-9所示。

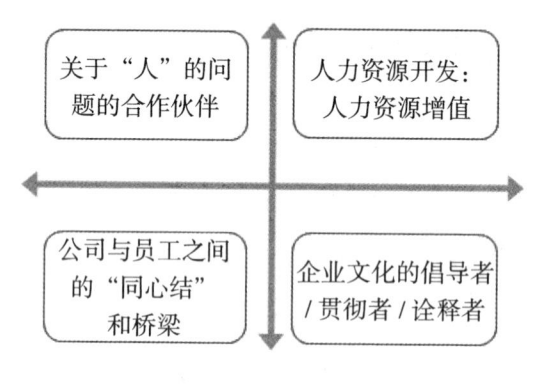

图5-9 阿里巴巴政委的角色定位

【关于"人"的问题的合作伙伴】

阿里巴巴政委在业务部门和业务经理搭档,是从人力资源视角参与业务部门工作,主要是解决业务团队关于"人"的问题。在这个角色中政委需要理解业务逻辑是什么,明确"人"的问题的着力方向,明确着力方向,才能有的放矢地发力。另外,政委具有薪酬、绩效、考核、员工关系等方面的深厚理论和技能功底,能够在业务部门扮演顾问的角色,对业务部门存在的问题可以在咨询建议、制定策略、优化流程等方面提供具有针对性的专业解决方案,推进组织绩效,达成业务目标。

【人力资源开发:人力资源增值】

政委不仅要负责价值观的传递,还要承担起干部和骨干梯队建设的重任,包括干部的培养、任命、后备干部的储备等。要积极参与业务部门领导和人才发展通道建设,向上级部门反馈人力资源工作的有效性,比如,员工发展通道的建设、标准设计、任职评估、培训路径等。

第5章 阿里政委体系建设
——总政委、大政委、小政委

【公司与员工之间的"同心结"和桥梁】

阿里巴巴让政委深入一线团队的主要目的就是建立起员工和公司之间的桥梁,用心去体会员工的需求,分担他们的疑虑,对他们的难处感同身受,传达公司的政策,解读相关讯息,引导员工思想的变化,及时发现问题,排解问题,并通过流程的优化尽可能规避类似问题的出现[2]。全方面、多角度、立体化地了解员工的各种情况,包括家庭关系、婚姻状态、同事关系、是否遇到困难等,充当心理咨询师和"知心姐姐"的角色,引导员工心理,必要时给予一定的支持或者帮助。

这些动作的主要目的就是帮助建立团队信任,形成简单开放的氛围。这要求政委有敏锐的闻味道的能力,能够知道团队的味道怎么样、温度怎么样,能够有效地做出相应行动,调和团队的味道。

【企业文化的倡导者/贯彻者/诠释者】

众所周知,阿里的价值观是企业的基因,受到马云等高层领导的重视。而随着业务规模的扩大,人员激增,价值观面临被稀释的风险。在这种情境下,马云开始整改人力资源部门,设置政委一职。政委就是派驻到各部门的人力资源管理者和价值观的管理者,其使命是保证道德大方向、传承价值观、建设好所匹配的队伍。政委在文化建设和组织保证方面具有很大话语权和决策权,各个部门的个性化运作由业务主官(一号人物)与政委(二号人物)一起来决定。

这个角色中政委的主要职责是坚持底线,捍卫原则,结合业务战略和管理实践,通过招聘、选拔、激励等环节,贯彻文化落地。

2. 职能定位

阿里政委在设计政委岗位时，对于政委职能上的定位主要有两个考虑：首先就是要具备服务职能，其次就是要具备制约职能。

【服务职能】

服务职能就是指政委要服务于业务团队，将内部员工当作是客户，以服务的心态面对每位职员，帮助业务部门管理层做好员工发展、人才培养等常态性人力资源管理工作。在向业务部门派驻政委的同时，人力资源部作为后台部门的内部职能分为共享服务中心和专家中心两部分。共享服务中心负责入离职手续、社保办理、劳动合同及档案管理、考勤管理、薪酬发放、员工福利等可标准化的基础服务工作，其服务要求高效、准确，为政委提供技术支持；专家中心负责设计业务导向，创新HR政策、流程、方案和管理工具，并为政委提供政策和方法论指导。专家中心的成员要具有丰富的专业经验和一线工作经历，战略思考、分析判断能力强；政委则扮演面向业务部门的HR客户经理角色，挖掘业务部门各级管理者及员工的需求，提供咨询服务和一揽子解决方案[3]。

【制约职能】

业务部门通常以业绩论英雄，对于公司的企业文化、团队气氛并不是很重视，这样下去会对组织产生恶劣影响。阿里巴巴总部为各部门派去政委的同时，为避免政委成为业务部门经理的"附庸"，在制度设计上赋予政委部门管理层级的职位，是部门的"二把手"，但是在人、组织和文化方面具有绝对的决策权。这样一方面可以有力地实现与业务的高度融合，另一方面也可以实现一种有效制衡。政委的人事管理权还是归属于人力资源部门，平时的工作主要是汇报给人力资源部的上级领导。

政委和业务经理在业务部门的职责各有侧重，业务经理主要负责的是在什么时间制定什么样的策略，而政委是要考虑这些业务策略的背后的逻辑，人力资源组织方面要如何匹配该策略，团队的士气是否能够支撑我们完成这个目标。按理说，政委是没有多大的权力改变业务经理的决定的，但是政委要在业务经理下决定的关键时刻，帮助业务经理审视组织能力、团队温度和团队成员的心态。这可以看作是政委对业务经理进行思想上、方向上的指引和帮助，但实际上也是对业务线决策形成一种制衡，业务经理在做决定时，不能单纯地以业绩论英雄，而不顾阿里价值观及其他。

本章参考文献

［1］阿里腾讯小米背后共性人力资源三支柱体系 [EB/OL]. [2015-03-30].http://www.chochina.com/show-459-19903-1.html.

［2］赵珂珂. 让 HR 做"政委"[J]. 企业管理，2016（08）：90-92.

［3］吉雷. HRBP：角色融入是根本 [EB/OL]. [2017-04-18].http://www.hrloo.com/rz/14169588.html.

第6章 阿里政委体系运作
——揪头发、闻味道、照镜子、搭场子

阿里巴巴政委有独特的工作内容，具体来讲就是：揪头发、闻味道、照镜子、搭场子。"揪头发"是指政委要站在更高的立场思考和解决问题。"闻味道"是指政委要感知组织冷暖和体察员工状态。"照镜子"是指政委需要创造一个简单信任的团队氛围。"搭场子"是指政委要善于建立渠道，让冲突得到妥善的解决。

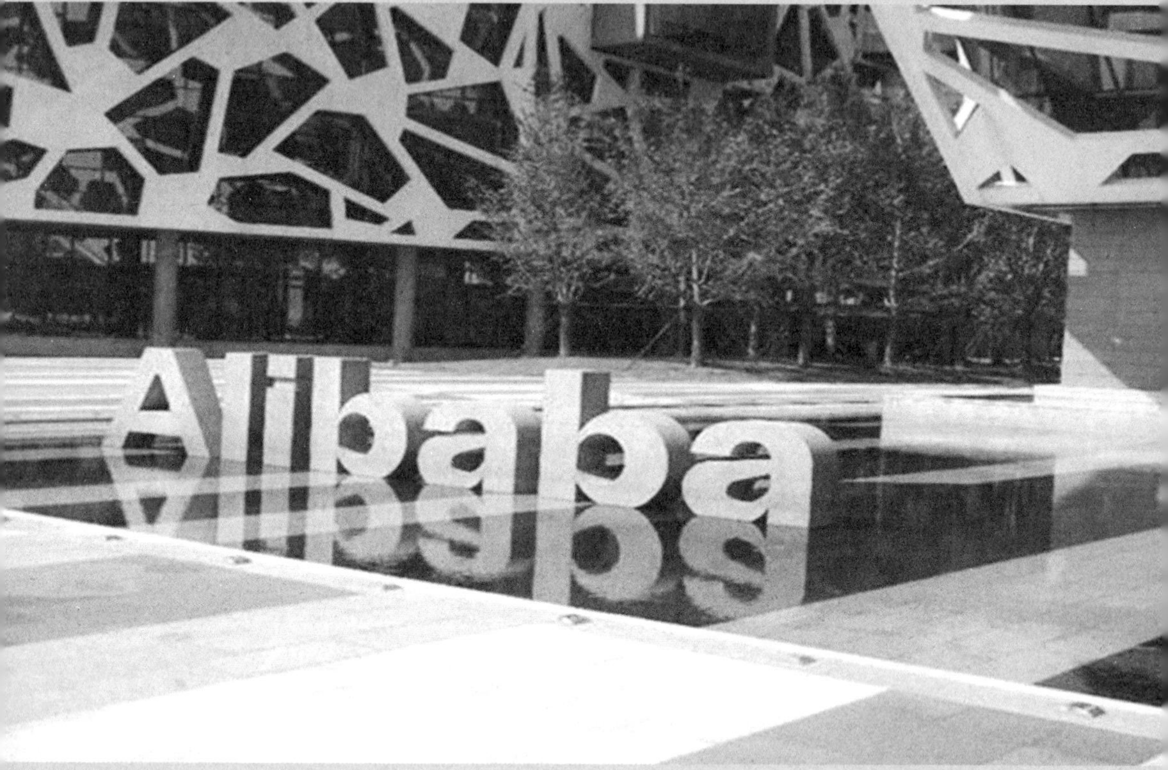
Alibaba

第6章 阿里政委体系运作
——揪头发、闻味道、照镜子、搭场子

一、阿里政委的日常工作

在阿里当政委是一种怎样的体验？日常工作主要涵盖哪些方面？政委的日常工作构成了政委体系的运作，其主要的工作涉及以下六个方面。

1. 文化价值观的倡导者

马云曾经说过，阿里巴巴让人记住的不是淘宝，而是阿里的价值观和文化。在这个角色里面，阿里政委具体要做什么？

（1）区域文化制度的宣导。比如：公司的"高压线"、各种制度、考勤纪律，还有整个公司政策的上传下达的沟通。阿里对"高压线"和制度的考核是非常严格的，一旦发现员工有违反"高压线"的事情，比如欺骗客户，政委、区域经理和主管一定要立即介入调查，而且要做好调查记录，包括录音和文字记录。调查完之后，政委、区域经理和主管要通过所有可见的形式跟员工沟通，公司的风控部门也会参与。当处分结果出来后，阿里政委还要发送全员邮件及当面沟通，并在会议上把整件事情进行公布，警醒其他员工。

（2）收集业务的管理案例。阿里政委要在跟业务方沟通及参与各种业务会议的过程中去收集管理案例，然后凭借管理案例与管理层进

行沟通，同时把人力资源专业的组织诊断内容带到团队中间去，然后参与团队的回顾。

2. 人才规划的实施者

阿里巴巴对政委的人力资源专业要求也是比较高的，下面以招聘和人才盘点为例做一简单介绍。

（1）招聘。阿里政委要了解招聘渠道和实施办法，通过专业知识和经验去开发渠道，去保障岗位招募，要做竞品人才的猎手，为团队绘制人才地图。业务团队的人员流失率和淘汰率比较高，政委一定要做竞品分析，比如在阿里巴巴国际站，政委要知道竞争对手是谁，是中国制造网，还是Google，对竞争对手进行人员分析，为管理者提供人才规划建议。竞品分析一词最早源于经济学领域，主要是指对导入期竞争对手的市场经营情况与策略进行深入的调研分析。

（2）人才盘点。在日常运营中，政委会让主管对销售人员进行行为分层，做组织人才盘点，做九宫格图。"九宫格"是我国书法史上临帖写仿的一种界格，又叫"九方格"，由唐代书法家欧阳询所创。以绩效等级（高中低）为横坐标和以能力等级（高中低）为纵坐标，将员工分为九种，构成九宫格图（见图6-1）。九宫格图可以帮助主管提高对人的敏感度，若主管对人的敏感度差，一定要有意识地通过绩效管理和人才盘点来加以提升。

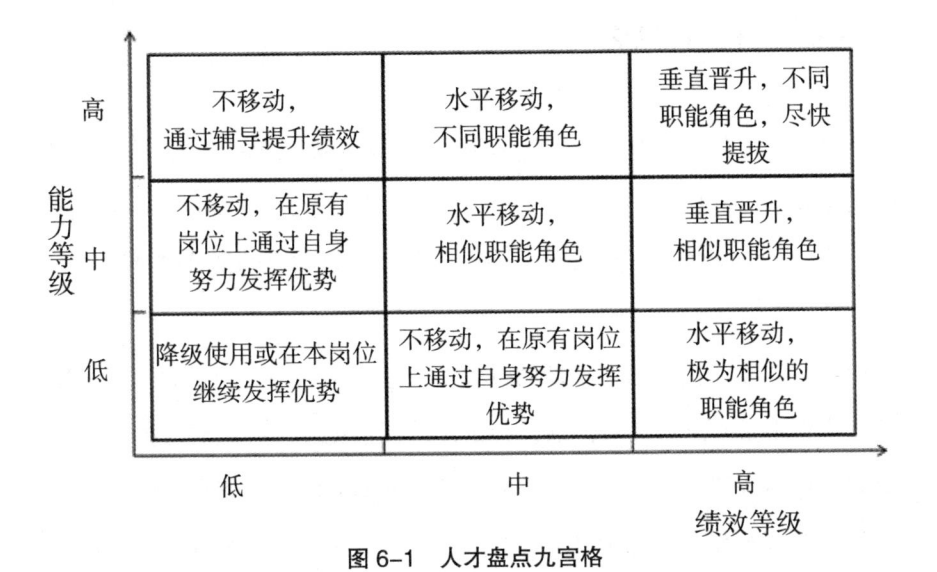

	低	中	高
高	不移动,通过辅导提升绩效	水平移动,不同职能角色	垂直晋升,不同职能角色,尽快提拔
中	不移动,在原有岗位上通过自身努力发挥优势	水平移动,相似职能角色	垂直晋升,相似职能角色
低	降级使用或在本岗位继续发挥优势	不移动,在原有岗位上通过自身努力发挥优势	水平移动,极为相似的职能角色

纵轴:能力等级 横轴:绩效等级

图 6-1 人才盘点九宫格

3. 人才开发的建设者

政委在人才开发方面主要要做两项工作:员工沟通和培训体系建设。

(1)员工沟通。政委要拿出 60% 的时间用于员工沟通,谈话内容不仅包括工作方面的绩效谈话和职业规划,政委还要充当"知心姐姐"的角色,对员工进行日常辅导、心理咨询、生活关怀。在员工中树立良好形象,为开展其他工作打通障碍,缺乏群众基础的政委不是合格的政委。

(2)建立区域培训体系。政委需要根据员工的入职年限搭建分层培训体系,比如,2 年以下的新员工和 3~5 年的老员工该如何培训?搭建培训体系可以让团队中工作年限久、效能较低的老员工来完成,这部分员工最需要内在激发,可以通过新人培养这件事情让他找到存在感。阿里政委建立培训体系的思路是:借助资源、紧贴业务方向和服务于业务结果。

4. 绩效闭环的推动者

阿里巴巴作为最近十年来全球绩效增长最快的组织之一，其绩效管理一直是互联网企业学习的榜样。实际上，阿里巴巴仅仅是构建了一个从绩效目标，到绩效执行、绩效评估、绩效反馈与改进提升的绩效管理闭环而已[1]。

阿里政委在推动绩效管理的过程中，总会遇到一些棘手的问题。如业务主管不及时进行绩效沟通，拖延绩效评估进度，并且时常抱怨没有时间进行绩效沟通。同时，政委在推动业务团队的绩效管理的同时，还要面临自身的绩效考核和KPI的完成情况。为顺利推进团队的绩效管理，政委可以采用时间前置的方法，提前进行绩效管理的各项流程。

另外，阿里的很多主管喜欢给销售员设定详细的KPI，如禁止迟到、客户拜访次数日均8次以上。阿里政委不能仅仅看这些指标表面上的完成情况，还需要结合传统的KPI指标，这样才能体现HR的专业度。

关于绩效面谈，最重要的还是和员工进行充分沟通。绩效直接与"钱袋子"挂钩，阿里巴巴的绩效沟通是是采用PPT的方式，每一个业务团队都要做PPT汇报，然后团队与团队之间"照镜子"，找出关键问题。个别需要做绩效改进的员工，要进行一对一的面谈。

5. 组织发展的设计者

政委需要了解业务，在了解业务背后的逻辑之后，需要搭建一个合适的组织架构。搭建组织框架并不是搭一个框框，而是要去了解团队，了解客户的声音，明确哪些要调整优化，这样才能提升组织的效能。

一旦发现问题，政委就要主动调整和优化组织架构，需要和销售一样具备运营能力，比如陌生访拜，主动去外贸网站，跟外贸人员一起拜访客户、挖掘需求。这样的动作耗费时间，但效果特别好。

聚焦到组织设计，政委要搭建一个中台，那么，中台是怎么搭建的？汇报路径怎么设计？业务人员是直接回报给区域经理，还是间接汇报？市场专员如何去对接？在区域怎么做整合？区域需要做哪些特色活动？同时，业务人员要推动团队，要对项目结果负责，会涉及哪些市场活动？这些落地的内容都要整合起来，体现在这个组织设计中。

6. 全面激励的落实者

阿里巴巴的全面激励可以从小而美开始，也可以轰轰烈烈，比如在三月、六月、九月这样的大战月，要去推动市场做战报，同时要梳理标杆，不断落实。

在团队活动的组织方面，团队拓展是一个非常好的对话方式。在阿里巴巴中西部大区 7 周年的时候，开展了两天一夜的团队拓展活动——扬帆起航。活动元素都和数字"7"有关，如文化册子有 7 年格式，还植入"Running Man"（韩国 SBS 电视台周末娱乐节目）元素。参加团队拓展的人员还包括离职员工和客户。在拓展过程中，让员工分享自己的故事，同时还会推动文化主题的讨论。文化就是靠不断的植入。

最后还有一项工作，就是员工关怀，它贯穿于日常工作当中，就像主管和员工的生日、入职纪念日等，结合"一年香""三年醇""五年陈"做大量的活动。

二、揪头发

俗话说，屁股决定脑袋，处在多大的位置就能张开多大网。在阿里，需要通过揪头发来拔高位置，站在更高的高度，才有更大的视角，也才能更有大局观。

1. 何为揪头发

搭建合适的人才培养的场景，如大政委暂时不在位，就可以及时由下一级政委管理大政委的事务，给其锻炼的机会，这样层层进行短暂提拔和培养，最终提升其能力。

2. 为什么要揪头发

中高层管理者最容易出现的问题是什么？首先是本位主义——屁股决定脑袋；其次是急功近利——捡了芝麻丢了西瓜，短期目标与长期目标失衡；还有就是圈子利益——山头林立各自为战，大团队的战略与小团队的发展难以取舍。通过"揪头发"可以锻炼一个管理者的"眼界"，培养其向上思考、全面思考和系统思考的能力，杜绝"屁股决定脑袋"和"小团队",从更大的范围和更长的时间来考虑组织中发生的问题。

3. 怎样揪头发

在揪头发的实际培训中,开阔眼界的三种最直接的训练方法是:

(1)做行业历史与发展趋势的分析。

(2)做竞争对手的数据整理与竞争分析。

(3)做产品及业务的详细规划与发展分析。

所有的分析都不是简单地搞一张数据表格,而是小组有3位以上的同学做同一个主题的分析,然后在一定的时间,同一主题的同学集中来汇报和演讲,并由专业的评委评出名次,记录到管理者的评级体系中。在这样的培训体系中,应用最直接的管理思路就是"教学相长",给别人说得清楚,才证明你自己想清楚了。

在培训中,阿里如何训练管理者强大的内心呢?主要是从以下四个方面着手:

(1)寻找管理者内心的力量。通过坦诚的交流与教练的引导,发现其成长过程中支持自己的最重要的力量源泉和最有成就感的体验,让其保持这种自我悦纳的心态。

(2)要求团队的参与及支持。充分开展团队内部沟通,和团队成员一起探讨变化的必要性与可能的方法,最终得到团队的支持。

(3)更高级别管理者的参与支持与资源支持。上级一定是最重要的资源,好的上级不是来对下属指手画脚的,而是当下属需要的时候可以大力支持,画龙点睛。

（4）愿赌服输，将目标与计划写入KPI。在制定业绩考核指标的时候要充分地交流，一旦确定，那就愿赌服输，按照事先的约定来做。

一个优秀的管理者是通过成就别人来成就自己的，所以一个好的管理者，必须是一个好的教练。而在培训与发展中，如何提升超越伯乐，让管理者愿意培养比自己更优秀的管理者呢？主要有以下三种方法：

（1）设立后备军机制。如果一个管理者没有培养出一个可以替代自己的人，那么这个管理者就没有升职的可能性。给他一个升职的空间和标准，他就会愿意给出别人升职的空间并加以培养。

（2）对管理者进行专业管理培训。不同级别的管理者必须设置不同的管理课程学习的计划与目标。管理是一门科学，需要长期的思考与修炼。

（3）允许人才一定的流动，让人才用脚投票。如果一个管理者不能给人空间，不能真正培养自己的团队，那么他的团队成员可以自己选择更好的团队。这样的话，好的团队整体会向前发展。作为一个优秀的中高层管理者，不仅要能够把事情做好，还要了解业务发展的路径与方法，探究行业演变的规律与经济环境的局势。

三、闻味道

1. 何为闻味道

什么是闻味道？说得通俗一点，就是反反复复地去观察。政委多与员工接触，了解员工动向，应该就是闻味道的一种方式。这就要求政委要有悟性，会观察人，不会观察人的话，是很难成为合格的政委的。

闻味道还有比较深一层的含义是综合诊断。对于不符合企业文化、不适合企业长期培养的员工及组织，要及时提出调整；对于某些不稳定因素，要及时扼杀在摇篮中。政委要置身于区域中，嗅出团队中是否存在负面情绪，是否都是积极向上的。如在面试环节中，政委是面试的最后环节，前面环节主要是业务部门面试，主要考核面试者的业务能力及未来的发展潜力，包括思路是否清晰；而政委主要考察面试者身上的"味道"，以发现面试者的特质和阿里的价值观是否匹配，尤其是文化的匹配，若不匹配，面试者在进入阿里之后会"死"得很快，对阿里来说也是种损失。"闻味道"更多的是感知。就像 Google 招聘，会请公司 3 名 10~15 年工作年限的老员工参与面试，这类老员工在面试环节中更多的也是去感知面试者未来是否能够长期陪伴企业走下去。

2. 阿里政委"闻"什么

（1）"闻"团队。

进入团队深度交流、多维度观察，看一看团队目前的状态、士气、氛围。比如，一个团队内部频频出现关系不和谐的情况，不要妄下结论，需要去深入调查，看看是因人际关系产生的竞争，还是因工作程序产生的矛盾。

（2）"闻"业务。

业务人员往往只看自己的业务板块，而政委要能站在业务团队周边，同时看多个业务，把业务逻辑串起来，帮助大家从更高的、更全面的角度看公司业务，而不局限于某一个点。

（3）"闻"人。

闻员工身上的"味道"，其言行是否符合公司所提倡的价值观，不仅要关注他的所作所为，还要关注他想做但还没做的，需要闻出来他冰山底下那些隐形潜在的行为。

比如，老政委对手下的小政委的要求，就是在团队中上百人中，随机抽到任何一个人，小政委要非常了解这人为什么迟迟解决不了某个问题，是因为什么样的心理状态导致的。

3. 到底怎么"闻"

阿里政委闻味道的方法就是：望、闻、问、切。望，即透过现象看本质;闻,即感受,闻气味;问,即沟通;切,即以小见大,切中要害。

作为政委,要关注团队里的每一个成员,随时感知员工心理、情绪、压力变化,为员工的状态负责。用阿里政委的话来说就是,"业务经理对结果买单,政委要对人员的状态买单"。阿里政委对业务的理解是有阿里的企业文化支撑着的,因为政委是全面参与到业务会议里面的,这个在阿里是硬性要求的。

作为政委,还要学会倾听员工——不仅要感知员工本身,还要感知员工背后的经理、员工的家属等的需求,也就是要对人的周边保持高度的敏锐度。在阿里 B2B 部门,通常要求政委要通透地了解每一个员工的理想、抱负、目标,平日抽时间和员工一起拜访客户,了解员工在工作中间会遇到的真实问题、客户的反应等,还有员工的各种情况,如他的家庭动态,他的家人最近有没有遇到困难,他在家里承担什么角色……这些内容都要全方位、立体化地去了解。

四、照镜子

1. 何为照镜子

"照镜子"来源于心理学中的"镜中我"理论,指的是通过观察别人对自己行为的反应,而形成更完备的自我认知。顾名思义,就是通过镜子去认识真实的自己,肯定自己的优点,发现自己的短板。狭义上来讲,照镜子就是通过他人眼中形成的"镜像"去认识真实的自己,发现自己隐藏在冰山下的"隐形行为"。阿里巴巴的照镜子可以分为照下属、照自己、照同事和照领导,做到及时交流,定期回顾。

【唐太宗"照镜子"[2]】

唐太宗不但是大唐帝国的缔造者,而且也是"贞观之治"高度文明的创造者。他在政治、军事、经济、外交、文化、治安等方面都有着非同寻常的建树,成为与上古三代贤君(指尧、舜、禹)并列的典范。

唐太宗曾为后人留下一段千古名言:"以铜为镜,可以正衣冠;以古为镜,可以知兴替;以人为镜,可以明得失。朕尝宝此三镜,以防己过。"对"照镜子"的作用做出了极高的评价。这段名言是他对历代王朝特别是对隋朝兴亡经验教训的深刻总结。唐太宗常说:"民,水也;君,舟也。水能载舟,亦能覆舟。"有一天,唐太宗读完隋炀帝的文集,对左右大臣说:"我看隋炀帝这个人,学问渊博,也懂得尧、舜好、桀、纣不好，为什么干事这么荒唐？"他问魏征："历史上的人君，为什么有的人明智，有的人昏庸？"通过深入思考和与群臣的反复讨论，唐太宗看到了个人的力量不足，充分认识到君王如石、良臣如匠，如此才有美玉问世的道理。怀着"玉不琢不成器"的真诚愿望，唐太宗采取了"兼听纳下"的开明政策，重用"良匠"，鼓励群臣给自己提意见，使朝臣赤诚进谏蔚然成风，成为"贞观之治"的成因与特色。

2. 照什么

照镜子主要是要照什么？回答这个问题之前要先了解一个关于沟通的技巧和理论——乔哈里视窗（Johari Window），也被称为"自我意识的发现——反馈模型"。这个理论最初是由乔瑟夫（Joseph Luft）和哈里（Harry Ingram）在20世纪50年代提出的。视窗理论将人的内心世界比作一个窗子，它被分为4个区域：公开区、隐秘区、盲区、未知区[3]，如表6-1所示。

表6-1 乔哈里视窗

	我知	我不知
你知	（Public）开放区	（Blind）盲区
你不知	（Public）隐秘区	（Potential）未知区

在开放区，是自己知道、别人也知道的信息，例如，你的名字、爱好、家庭情况。在盲区，是自己不知道、别人却知道的盲点，例如，你的某些处事方式、别人对你的一些感受。在隐秘区，是自己知道、别人却不知道的秘密，例如，你的希望、心愿，以及你的好恶。在未知区，是自己和别人都不知道的信息。

（1）照自己。

"以己为镜"，其实是一种内省模式，自己观察自己，通过自己的行为、情绪、身体感知，来初步减少自己的自我认知盲区。比如，最近工作中频频出现委屈，就要思考，是在某个点上有过不去的"情绪坎儿？还是对接中沟通出了问题？内省，首先是要找到内心强大的自己，让体会到内心强大的自我，从而做到在痛苦中坚持自己，成就别人。

（2）照他人。

阿里的回顾就是最好的应用。每个人都有一面"镜子"，回顾时，"镜子"会以对方为主，来表达看到的现象。不仅要呈现出赞美，更要敢于棒喝，立场坚定，信息明确。

以别人为镜子的基础，是需要创造一个简单信任的团队氛围。政委团队流传着一句话："你对我不满意，就来找我，可以骂，可以批。但如果你不对我说，而是在背后说，那么请你离开"。一支团队有了信任，才有可能协作的土壤和机会。

做镜子，首先需要的是聆听。能够放下自己的评价与好为人师的冲动，能够做一个静静的聆听者。其次需要的是同理心，也就是能够站在对方的角度去思考问题，但并不是说盲目地认为他是正确的，要去理解他的道理，才能求同存异，达到共识与理解。最后需要的是共情，也就是能够与对方的情感与情绪共鸣，每个人的人生经历、价值观与生活的道理可能都不一样，但我们的情绪却是相同的。

（3）照团队。

照团队，需要政委主动和三种人群交流：上级、平级、下属。在阿里巴巴有一个说法，"对待上级要有胆量，对待平级要有肺腑，对待下级要有心肝"，站在每个角度所重视的都不一样，上级关注你的思维和价值观，平级关注你的沟通与胸怀，而下级关注你的能力和关爱。主动与这三类人员坦诚交流，自然就会看到真实的自我和提升点[4]。

3. 怎么照

个人的每一个举动都可能是由情感、经验、观点、态度、技能、目的、动机等交叉形成的产物，所以应深入全方位地"照镜子"，不仅仅是工作，更要拓展到生活、情感等维度，切不可盲目妄断。

政委和业务方是两条平行线。业务方在做决策时，政委需要抱怀疑态度，不能一味赞同业务方的决定，需要透过决定来看本质，分析该决定是否从客户的需求出发。政委需要有自己的立场，懂业务。懂业务并不意味着你要做业务，但是你要清楚整个业务链，这样就能分析业务方的业务策略是否正确。政委需要时常和业务方讨论团队的人员配置，将合适的人放在合适的岗位；当业务方太过强调 KPI 指标时，需要提醒业务方关注团队的"味道"，同时还要提醒业务方要注意到易被忽略掉的人群等，这些都是政委的工作。

五、搭场子

1. 何为搭场子

"场子",字面意思是广阔的场所,但这里表达的是在提供的一个空间内,来搭建沟通渠道。"搭场子"也可以理解为搭舞台,其实核心还是搭建"沟通"渠道,包括员工之间、员工与主管之间、员工与经理之间、经理与主管之间、主管和主管之间、政委和所有人之间的沟通渠道。

2. 为何要搭场子

等级感强、情绪先行、自我感强等都是工作中沟通的障碍,有些障碍是员工个人或团队无法独自协调的。这种情形就是需要搭场子的时候了。

(1)仪式感。

仪式感是一个应用相当广泛的概念,从宗教学、人类学、心理学、社会行为学等各个领域里都能看见它的影子。仪式感就是一种强烈的自我暗示,是一种精神上的礼仪。应用到沟通上,这种自我暗示就是一条明确的分界线,将人的状态划分成普通状态与"神圣状态"。

(2)"神圣状态"。

在这个"神圣"的状态里,等级感将会被削弱,感性减弱,理性增强。如果真的想要搭建沟通渠道,就必须将人开启到"神圣状态",并且给出明确的时间限制,以此开启全新的沟通渠道。而仪式感的最大意义在于:它是开启"神圣状态"的一把钥匙。

3. 给谁搭场子

围绕着一颗心一张图,政委一定要非常敏锐地去搭很多的场子,能够让每个人非常清晰自己的站位是什么,自己的个人目标和团队的总体目标之间的关系是什么,能够共同看见。

有搭横向的场子,为团队和团队搭。比如,让业务经理要讲清楚,今年我们的部门在这件案子上,到底要创造什么样的价值,我们的目标是什么,我们的路径是什么。

也有搭纵向的场子,上到领导,下到员工,为每个没有沟通渠道的人搭场子。这样一来,员工自然而然就会知道,原来自己的工作是跟那个目标是有关联的。这个是从业务的角度上去做的。

4. 如何搭场子

搭场子,有两个动作:一个是给鲜花,另一个就是给拳头。给鲜花,其实就是学会欣赏,欣赏非常重要,作为政委,要学会欣赏你的业务团队,欣赏之余要发现问题,然后再去给他们一些拳头,点出他们的痛处来。所有这些,都需要你在前面做很多"了解"的动作。如果前面的动作没有做的话，对方是不会接纳你的。

（1）明动机。

拥有一个明确的动机，是搭场子的第一步。政委们首先要发现沟通不顺畅的人或团队。比如，两个人之间有误会，或者说两个团队之间可能信息无法做到通畅沟通，此时政委需要了解大概情况，把他们约在一起，聊一聊，求同存异，去抽出大家共性的部分，达成共识。

（2）表心声。

搭场子要将真相呈现出来。这并不是要左右真相，当你把真相用各种方式和你的职权遮盖住的时候，那是解决不了问题的。所以，呈现真相就可以了。既要看到做得好的地方，给予肯定；也要看到问题，面对面地说出来。

在阿里，提倡"赤裸相见"。阿里的"裸心会"就是把自己的内心放开，把你心里最真实的东西在团队里做互动和交流，只有打开，才能够相互包容和接纳，团队只有充分信任，才能共同做事。"裸心会"是阿里团队建立信任的非常重要的手段。

【阿里政委如何为 CEO 搭场子 [5]】

一、初进业务团队

第一个感受：上下感知不同。

我是一线出身，所以在初进淘宝的时候喜欢"下乡"。其实，我几乎和中层管理都做了一轮的交流，每人至少两三个小时，还会找很多一线的员工做很多的互动。

那个时候，我强烈地感受到，就是 CEO 所感受到的公司和一线员工感受到的公司是完全不一样的。CEO 会觉得 HR 很好啊，公司战略

第6章 阿里政委体系运作
——揪头发、闻味道、照镜子、搭场子

也很好啊，公司在往新的方向在走啊，但是一线员工对公司已经觉得没什么希望了，没有什么合力，HR 就是一个衙门式部门。

第二个感受：孤独的 CEO。

一个人在办公室，午餐由秘书来订，除了开会没有和下属更多的交集。

第三个感受：技术是未来。

跟所有的技术人聊了之后，一个很强烈的感觉就是技术是未来，技术将在这样一家公司里面创造非常不一样的商业价值和客户价值。

二、由上到下的三个动作

第一个动作：破冰 CEO。

我要去了解 CEO 到底是什么样一个人，我就开始跟他聊，"你能不能把你从小到大的经历跟我讲一遍？什么时候谈恋爱的呀？为什么失恋呢？你喜欢的女孩子现在在哪呀？"

在共事的时候，我发现 CEO 的两个特点：第一个就是决策非常快，甚至很突然。第二个是团队争论繁杂的时候，他很知道关键点。

第二个动作：搭场子达共识。

我觉得要大家有一个共同的目标，即大家认同的一个东西，所以我特别想搭一个场子，让员工知道淘宝到底在哪里，CEO 为淘宝到底是怎么想的。

我们这帮人为什么在这里？每一个人如果要被点燃，其实就是自己的那个小梦想和公司大梦想的一个连接。所以我决定，一定要做一个晚会，那个晚会的本身是让他知道我的工作是有意义的。最后确定主题为：淘宝梦想开始的地方。

这个晚会的过程是这样的：

1. 梦想开场。梦想一定是一个 360 度的，一定有公司的，然后有

客户的，有小二的、有CEO的梦想。所以在这个晚会上，首先让CEO来分享他的梦想，他的梦想是做飞行员，也给他弄了一套飞行员的服装，由他来开启这个晚会。

2. 精细设计。这个开场肯定是有设计的，因为CEO是广东人，而且我发现他演讲不到十分钟就会断片，所以我把他的讲话分成了好多节，每到10分钟就让他停下，请大家看VCR。然后再讲他的下一个部分，整个晚会通过这样的方式，把CEO对整个淘宝业务的理解进行了清晰的传达。

3. 助场嘉宾。我们要让员工知道工作的意义是什么，所以当天我们请了一个患有重症肌无力的小女孩，以及在淘宝上创业成功的大学毕业生，来分享淘宝到底给他们的生活带来了哪些改变。这两个客户的分享，会让我们的小二觉得"我的工作真的是有意义，这也是我的理想"。

4. 写下梦想。以团队为单位，让每个小二写上自己的梦想放到瓶子里，到第二年再去看。这个部分其实比较虚幻了。但是晚会结束之后，所有的小二都莫名地觉得我的工作太有意义了，我真的在改变社会，我真的在帮助别人。

第三个动作：裸心会融团队。

晚会不可能一次解决所有的问题，于是我又做了一个阿里传统项目：裸心会。

裸心会是什么？就是把自己的内心放开，把你心里最真实的东西在团队里做互动，其实我的初衷就是让CEO去直面下属对他的负面情绪。

当然前期我一定会和中层沟通一遍，我心里是有数的，然后才去找CEO。

我说："我也没辙了，我唯一能想到的就是裸心会，这有可能让你从一个孤独的 CEO 变成跟这个团队有连接的 CEO。只有连接，我们这个团队才有戏。而且你必须答应我，不管别人怎么骂你，你必须给我保持你的君子风度。"CEO 认可了。

当然，最开始大家不知道我要开裸心会，因为早上还是非常热闹的业务战略会，然后到晚上我说好久没喝酒了，我们去喝酒吧，然后拉了一圈人，在一个包厢里面就开始了，由我来做主持，因为我知道我要什么。

我的策略是逐个击破。

我对一个团队伙伴说："××，你不是对 CEO 有意见吗？你说不说？要不我替你说？"（首先 ×× 一定是团队里，有话直言敢言的）

他说："别别，我自己说。"

然后 ×× 说："你这个 CEO 没有远见，过于偏激，销售出身，根本不懂产品……"

CEO 说："我同意。"

这时候的气氛其实非常尴尬，所以，我马上让其他伙伴也说两句。有人就说："CEO 还可以啊，对我们的业务挺支持的。"

然后，大家就开始表达自己的意见，吐自己的苦水。

会议最后结束的那个部分非常重要。

我问 CEO："听了一个晚上了，很多人给你吐苦水，你自己能不能讲讲，你为什么要来做 CEO？"

然后 CEO 就开始讲自己到底为什么从支付宝回了淘宝，以及自己的难处在哪里。

会议一直开到凌晨两三点。后来我发现，这次裸心会使 CEO 和中层的紧密度有了非常大的提升。

三、团队管理，三个项目

1. 赛马，点燃员工希望。

我待了一段时间，发现淘宝跟原来的 B2B 最大的不一样就是，淘宝是自下而上的、创新能力非常强的、文化驱动的这么一家公司。但是，你会发现很多员工都认为没有伯乐赏识他这匹千里马，觉得他做的业务公司看不到。

于是我就提出了一个赛马机制，赛马是不是长久的有利行为，不好说。但是，在那个时候，赛马机制给对整个公司带来的就是员工对未来的希望，员工对自己创新成果的热情和保护。

当然，可能会出来好的产品，也可能颗粒无收。但是，我清楚我要的是什么，最终这一机制持续了三年，收获了一批 P6、P5、P4，我们甚至也得到了一些新的产品，当然也有产品死掉了。但是我们摸清了规律，什么是适合淘宝的，什么是淘宝不要的。

2. 自主晋升，让人才疯长。

关于人才，我做了两个变化。

一个是自主晋升，就是只要绩效考核 3.75 分的人稍微超出期望，就可以自主申请晋升，而且老总没有否定权，就直接在系统里表达"我要晋升"。

这个项目受过很多质疑。HR 说，不靠谱，会失控，会给管理带来很多的问题。

我内心很清楚，我不会永远这样。但第一年我为了把这个项目做到淋漓尽致，把管理者对员工晋升的决定权拿走一部分，管理者依然有提名的权利，但是 3.75 分以上的员工，他可以有自主表达的权利。这是我做的第一个变化。

第二个变化是评审委员会。这个评审委员会不再是在自己的独立部门里面，也不会是老总说了算。那这样做有什么好处呢？首先是建立了淘宝大层面的各种委员会的人才的一个核心；其次是这样的一个机制会让我们的人才在平台上被客观地评估，而且让人清楚地知道我们的缺口到底在哪里；最后就是人才被所有人看到。这对他未来的轮岗非常有价值。

3. 月会，让毒草长在阳光下。

月会是大家都会开的，HR 在里面做什么呢？

给大家分享一下我的经验。当时我在淘宝的时候，我的作用就是：会议之前，去了解所有人目前的进展有哪些，矛盾是什么，我让所有的问题都暴露在那个月会里面，然后让 CEO 去做判断和决定。这样可以加速所有决定的进展，以及解决部门之间的矛盾。

当 HR 看到组织内人和人之间有矛盾的时候，千万不要只是解决人和人之间的问题。到了这个层级，往往不会是人品问题，也不会是接纳问题，很多矛盾是业务矛盾所带来的，而业务矛盾又是 CEO 不拍板所带来的。所以，我们要推动的是建立解决他们之间矛盾的一个应有的决策机制，让老总去做决定，而不让下面的人无端地去争吵。

四、HR 要让大家都能看见

我们还有很多大家所熟悉的圆桌会议、Open Day、CEO 之日，让不同层级的员工和 CEO 有接触。还要定时地去拍 CEO 的视频，让他讲讲他对业务的看法。

如果 CEO 不是一个非常善于表达的人，那么 HR 最重要的工作就是多搭场子让别人知道他在想什么，他在做什么，他要什么和不要什么。

HR 真的不光是在办公室里把工资表弄好，然后看我们的招聘率是多少，离职率是多少。数字要看，但那些只是 HR 非常小的一个基本工作。

阿里巴巴政委作为一名专业的HR要从事的日常工作，如倡导文化价值观、实施人才规划、人才开发建设、推动绩效管理、设计组织框架、落实员工激励方案等，以及作为业务伙伴要从事的特色工作，用阿里土话形象地表述为揪头发、闻味道、照镜子、搭场子，共同构成了政委体系运作的重要内容。从这些工作内容来看，政委在整个体系及团队的良性发展上有着重要的作用。

本章参考文献

［1］阿里巴巴绩效管理的闭环实践！[EB/OL]. [2017-08-20].https://mp.weixin.qq.com/s?__biz=MzIyODc3MTg1MA%3D%3D&idx=1&mid=2247484187&sn=ee893e834d90a6549b894a3134acb884.

［2］韩立坚. 唐太宗照镜子的过人之处 [EB/OL]. [2016-05-25].https://www.toutiao.com/i6288287176748696066.

［3］庄明科. 乔哈里视窗：帮助人们实现有效沟通 [N]. 健康报，2012-07-20（006）.

［4］阿里管理三板斧：揪头发、照镜子、闻味道 [EB/OL]. [2017-08-24].http://www.sohu.com/a/167091249_154289.

［5］戴珊. 解密阿里：HR如何为老板搭场子？[EB/OL]. [2016-11-30].http://www.hr.com.cn/p/1423415780.

第 7 章 阿里政委培育——胜任力与团队建设

人力资源业务伙伴是 HR 三支柱模型中的战略导向型角色。政委作为派驻到各业务部门的 HR，主要负责根据业务部门的需求来制订个性化的人力资源方案。与传统 HR 相比，政委不再像以前那样从事 HR 六大模块内的事务性工作，而需要对各项 HR 政策理解透彻，并结合业务部门的实际情况，适时推行实施。这就要求政委具备较强的综合能力，但是综合能力又可以具体分解成哪些能力呢？政委的主要工作还包括业务部门的团队建设，政委自身的团队建设又该如何进行？

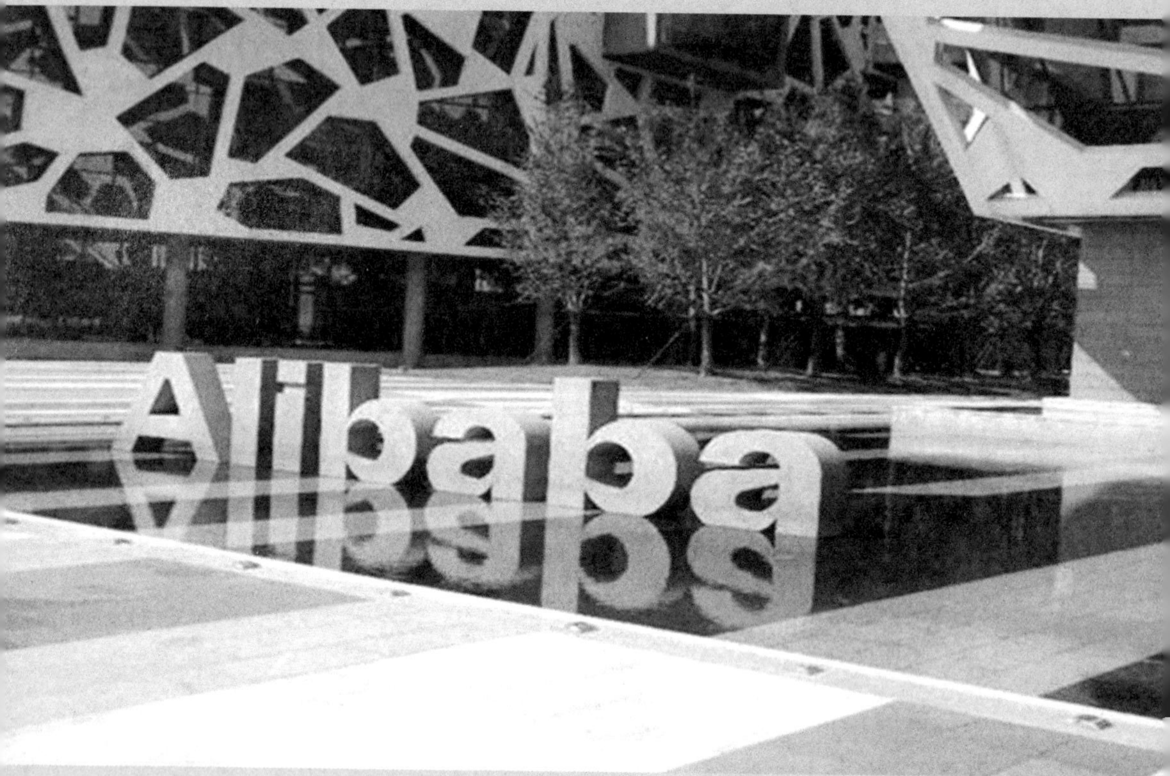
Alibaba

一、原来你是这样的政委

在阿里巴巴，政委也叫HRG，是与职能型HR（Function HR）相对的概念，意味着政委是HR多面手。管理者对多面手的能力要求和对传统HR的要求当然会有很大差异，那么管理者对政委有着怎样的期待，政委自身又该如何认清自己，这些都是全面认识政委需要解决的问题。

1. 岗位说明书背后的胜任力

阿里巴巴管理者对政委的能力要求和工作期待在岗位说明书中有比较全面的体现，如表7-1所示。

表7-1 阿里巴巴政委的岗位说明[1]

阿里巴巴某项目政委招聘的岗位说明
【岗位描述】 1. 了解业务部门的战略，对业务进行组织诊断，为业务部门的战略落地提供建议、规划并参与实施； 2. 为组织发展提供人力资源支持，定期进行组织盘点，在招聘、培训、绩效考核、薪酬、员工关系等方面为业务部门提供有效的解决方案并实施； 3. 在业务部门内推动公司层面的变革，负责完善业务部门人力资源的制度、流程、体系，提升人力资源运作效率；

4.传承公司文化，发扬价值观，建设沟通渠道，保证组织的持续健康成长；

5.主动与事业部管理层、一线主管及员工进行多种形式的接触和有效沟通，保证信息在不同层级间的有效传递。

【岗位要求】

1.大学本科或以上学历；

2.5年以上人力资源工作经验，有互联网公司或HRBP/HRM经验者优先考虑；

3.熟悉人力资源的流程体系，在招聘/绩效管理/员工关系/组织发展等某一模块具有丰富的经验；

4.具备较强的逻辑思考能力、学习能力，抗压性能力；

5.善于沟通，具有良好的协调能力，责任心强。

从阿里巴巴政委的对外招聘条件中可以看出两个重要内容，即政委的工作内容和政委的素质要求。从岗位说明书列出的5项工作描述中可以看出，政委在企业内部的工作主要是：（1）业务诊断，战略落地；（2）人资管理，方案实施；（3）推动变革，提升效率；（4）传承文化，建立渠道；（5）上传下达，沟通无碍，如图7-1所示。

- 业务诊断　战略落地
- 人资管理　方案实施
- 推动变革　提升效率
- 传承文化　建立渠道
- 上传下达　沟通无碍

图7-1　岗位说明书中政委的主要工作

而从岗位要求中可以看出，阿里巴巴对政委的要求还是比较高的，主要包括学历要求、能力要求、个人特质要求、经验要求和知识要求。

2. 阿里政委的六个画像

阿里巴巴政委的画像其实就是指政委应该呈现出来的样子。阿里政委主要有六个画像，这些画像更多地展示的是阿里政委的品格特质，包括阳光正能量、好奇心、"知心姐姐"、"小棉袄"、指引方向、协作对抗，如图 7-2 所示。

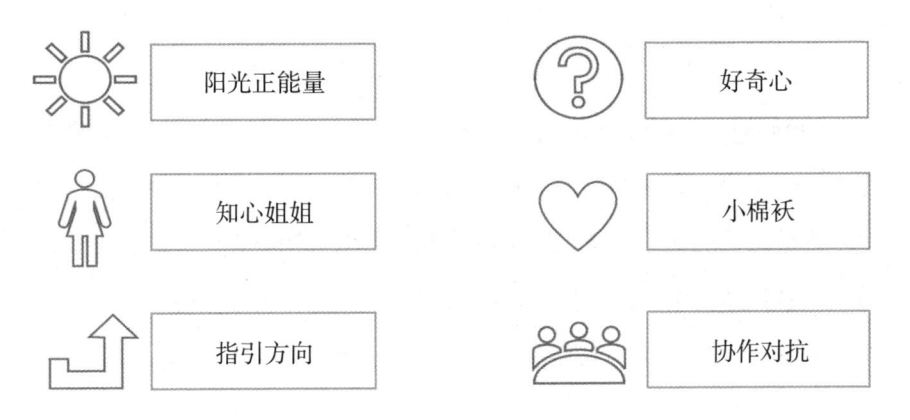

图 7-2 阿里政委的六个画像

【阳光正能量】

阿里政委是要稳固团队的，每天传递负能量的政委怎么能够让你的团队斗志昂扬？这层画像和阿里巴巴"六脉神剑"中的激情很是对应，正能量就是要时刻保持积极向上的状态，向团队传递正面形象，稳定"军心"。

【好奇心】

阿里巴巴的团队成员现在大多是90后，政委需要跟上90后的思维，了解90后所关注的新兴事物和热点话题，把一些无趣的工作做得更加有趣，保持童真和好奇心。在阿里，就算是入职年限很长的小政委，也会和刚入职的新人一样保持谦卑的心态，努力学习。阿里巴巴很重要的一条价值观就是拥抱变化。拥抱变化是一种境界，是一种创新，是在不断地创造变化。拥抱变化需要一种积极的心态、宽广的心胸，包容一切事物，面对一切变数都能荣辱不惊，从变数之中寻找出提升点，并加以利用。阿里价值观中的拥抱变化就决定了政委要时刻保持好奇心，时刻做好变革准备，拥抱不断变化的新时代。

【知心姐姐】

"知心姐姐"并不是说阿里政委都是女生，只是代表着阿里政委在员工心中温暖、亲切的形象。每个人都喜欢被关怀，受到关注，更何况是本来就敏感的弱势员工。阿里政委就需要以"知心姐姐"的身份到这些员工身边感受他们的冷暖，倾听员工在工作或者生活上的不如意，倾听他们的心声，帮助员工摆脱低落情绪，做个有温度的HR。

【小棉袄】

"小棉袄"和"知心姐姐"的含义差不多，就是指政委需要在员工身边扮演家人或者好友的角色，了解员工的感情或者职业需求，进而提供有效的帮助。贴心"小棉袄"的另一层含义是要做有温度的HR，要感觉团队的冷暖变化，要了解员工个人、家庭等生活情况，这样才能有效地提供帮助。

第7章 阿里政委培育
——胜任力与团队建设

【指引方向】

指引方向包括给整个团队指引方向和给员工个人指引方向。在团队只注重业绩不顾价值观，伤害团队感情和公司的道德底线的时候，政委要及时掌控"方向盘"并适时"降速"，调整团队的前进方向，让业绩和价值观齐头并进。同时，政委还负责传统 HR 的工作，帮助员工制订职业规划。

指引方向必须要清晰当时的业务战略及未来的业务战略，在大的层面要做的就是清楚地告诉每个人接下来我们要走的那个方向，他们需要具备的能力是什么。政委会针对不同的岗位梳理出这套东西，告诉你能获得什么，怎么走过去并达成目标，政委能够给到你的资源和支持是什么。

具体的指引就是要根据岗位的不同去帮助员工做规划，梳理出员工整个的一个发展路径，既可以在专业上进行发展，也可以在管理方面发展。专业路线最低是从层级 P4 开始，员工若想从 P4 到 M1，政委会很乐意地告诉员工具体的职业路径，并详细告知通过每条路径需要具备的能力是什么，能够在这里面搭建的场景是什么，以及怎样在这些场景上展现自己。

【协作对抗】

协作对抗是政委的一个很重要的画像，主要是指政委与业务方之间的关系。政委在业务团队中是业务主管的"副手"，但这并不意味着政委要听从于业务主管，这样就失去政委体系建立的初衷了。政委和业务方需要协作对抗，协作不是简单的口头表示赞同，而是要在出现问题之后共同承担结果，这是与传统的 HR 不同的地方。除了协作之外，政委还要有很重要的动作就是对抗，要抱有怀疑精神，怀疑的目的就是保证最终的方案是正确的，对抗的具体动作就是在业务方提出一种方案之后，将他们引入更丰富的视角，如团队一起进行"头脑风暴"，多角度考虑该方案是否合理。

3. 阿里政委的四大工作目标

当下，阿里巴巴政委有了新的工作目标，主要表现在四个方面，如图 7-3 所示。

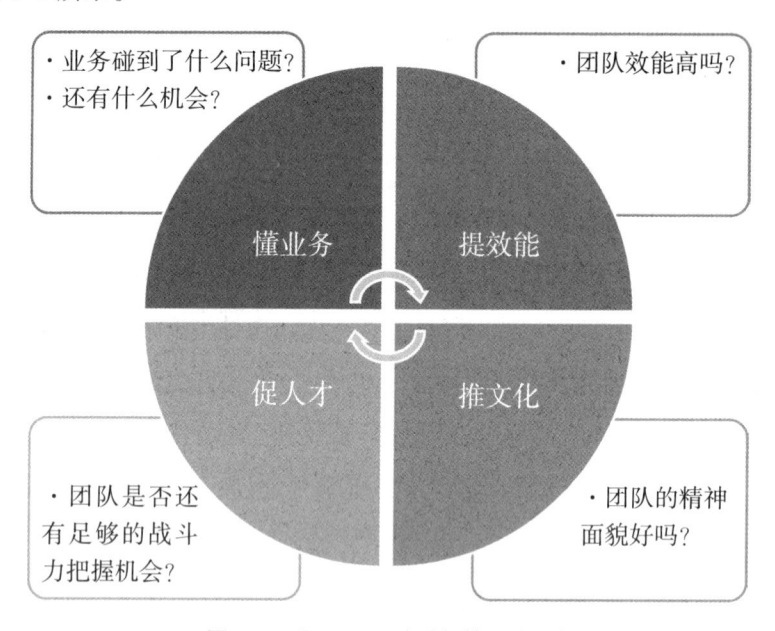

图 7-3 阿里巴巴政委新的工作目标

【懂业务】

阿里政委的第一个工作目标就是要求懂业务，能够识别机会。每年，阿里政委对于团队成员就是按照这样的要求进行盘点的，政委要判断团队成员能否讲清楚业务逻辑，一笔海外业务是如何完成的，需要经过哪些具体的流程，每个流程是如何操作的。政委要靠这些来判断员工合不合适，这就要求政委自身对整个业务链非常熟悉。

【提效能】

团队的效能高低和多个方面的因素有关，团队的组织、文化、氛围、沟通交流机制等都能影响一个团队的效能。而这些工作都是需要政委来完成的，政委需要根据团队发展适时调整团队氛围，建设相应的组织文化，在士气比较低落的时候需要进行团建活动，鼓舞团队士气，激励人心。在上下级之间沟通不畅时充当"传声筒"，或者进行圆桌会议，让员工敞开心怀，各抒己见，并较好地传递双方的意思，减少沟通障碍。

【促人才】

所谓"巧妇难为无米之炊"，团队作战也要配备充足的兵力，保持持续战斗力，政委需要判断团队是否有足够的战斗力并把握机会，这个更多的是要着眼于未来看世界。阿里的业务调整得非常快，旧的业务不做了，新的业务又来了，这就需要有足够的人去填充这块业务。

【推文化】

推文化就是要在团队中间广泛宣传并积极践行企业文化，同时还可以在不触犯企业"高压线"的情况下，根据团队特征建设特有的团队文化。在推文化之前，政委需要在团队中间"嗅一嗅"，感受一下团队的精神面貌是积极向上的，还是消极低落的，找到消极低落情绪的根源，提供有效的解决方法。

4. 阿里政委的胜任力模型

胜任力方法的创始人之一斯潘塞（Spencer）博士认为：胜任素质是指能与参照效标（卓越绩效和合格绩效）有因果关系的个体深层次特征[2]。这一概念具有三个层面的含义：

第一层是效标参考：区别于一般绩效的卓越者具备的知识、技能和行为；

第二层是因果关系：胜任素质预测行为反应方式，行为反应方式影响工作绩效和结果，即胜任力素质揭示了意图—行为—结果之间的关系；

第三层是深层次特征：深层的动机、特质、自我形象、态度和价值观在个体身上保持时间长，影响深远。

通过对阿里巴巴政委的岗位说明、6个画像和四大角色的说明，基本上可以整理出阿里巴巴对政委的胜任力要求，如图7-4所示。

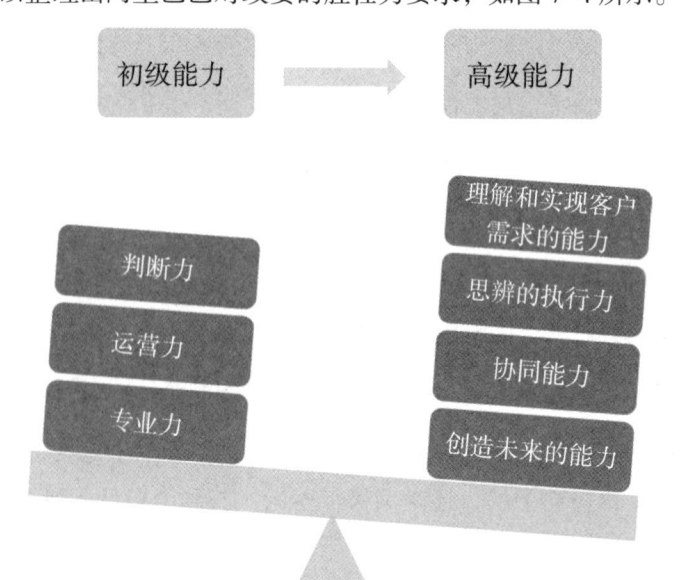

图7-4 阿里巴巴政委的胜任力模型

第7章 阿里政委培育
——胜任力与团队建设

阿里巴巴政委有一个成长的过程,相应的能力要求也有一个进化的过程。首先,作为阿里巴巴的政委,必须要具备三项最基本的能力:判断力、运营力和专业力。

【判断力】

判断力是每个阿里政委都需要具备的基本能力,指的就是政委要能够提前预知将要发生的事情并做好相应的预防措施。判断分为对外判断和对内判断:对外判断是指对整个市场的判断;对内判断则是对业务团队的判断。

如今,技术飞速发展,电商市场是变化莫测的。这就需要政委能够去感受到这些变化,并在随后为这样的变化做好准备,做好防范措施,提醒业务部门市场变化可能带来的后续影响。架构也好,人员也好,都是可以在变化来临前做好准备的。

当然,政委的判断力更多地体现在对业务团队的感知,尤其是团队状态、动态的感知。只有提前感知团队的"温度",才能够及时预防一些问题的发生,及时进行后续的处理和采取相应的措施。

【运营力】

阿里巴巴的团队建设主要靠的就是企业文化,简单来说就是信念。但是具体怎样做,就涉及一些技术层面的问题。可以把这些问题简单地归为运营问题。如何运营好一个组织,这是一个非常重要的问题。政委就是要找到解决众多问题的命门,明确如何才能有针对性地解决、用什么样的出发点去解决,为解决这个问题,要跟这里面的人与事建立什么关系,要在这个团队中建立怎样的影响力,这就是在运营组织。

【专业力】

专业力就是指 HR 的专业知识和技能，这些知识和技能是以技术为基础的，只要想学并且肯花时间学，都可以掌握，这是政委最基本的能力。政委到了业务部门，不能将专业知识和技能孤立起来，在运用的时候要结合团队和业务的实际情况。如果不懂得业务团队的需求，再多的专业知识也是毫无价值。

从阿里政委的岗位说明中可以看到对政委的专业知识要求还是比较高的，要求熟悉人力资源的流程体系，在招聘、绩效管理、员工关系、组织发展等某一模块具有丰富的经验。很多阿里政委还兼职做全区域的工作，比如员工成长、圆桌会议和黑名单管理等。

当然，政委成长到一定阶段，相应的能力要求也会有所不同，政委的高级能力主要有如下几项。

【理解和实现客户需求的能力】

这项素质要求主要是让政委能够站在组织的层面去思考问题。对于政委来说，客户分为两种——内部客户和外部客户。内部客户是指员工、业务经理、公司高管，甚至总裁、董事长等。政委应该为员工考虑，针对不同的团队、不同的员工制订不同的解决方案。理解和实现客户需求并不是简单地迎合客户，而是让客户满意。这就要求政委在实行人力资源管理时要了解业务部门真正的需求，明确各项人力资源管理工作到底能够帮业务解决哪些具体问题。这样，政委才会受到客户的信任和喜爱，和客户之间的信任和黏性就会建立起来。外部客户就是阿里巴巴的客户，当站在公司的角度时，政委要始终坚守"客户第一"的原则，时刻为客户着想。

第7章 阿里政委培育
——胜任力与团队建设

【思辨的执行力】

阿里有支很出名的团队——阿里铁军，被称为电商的"黄埔军校"，培养了国内O2O战场的众多COO们，他们共有的基因就是"超强执行力"。到了政委这里，还需要加上"思辨"两个字，指的是政委在做任何事的时候都要带着自己的思考去做，而不是领导扔一件事让你做，你就毫无疑问地去做。在做之前要"问三问"，关于这件事情你的想法是什么？你的判断点和分析点是什么？你做出来的保障措施又是什么？

【协同能力】

政委要协同整个中台、整个业务团队来做相关的事，这是一件很有难度，但又不得不做的事。协同不仅仅是一种态度，更体现的是一种能力，它的核心是要透彻四个问题：我需要什么？谁可以帮我？我有什么？我可以帮谁？

【创造未来的能力】

政委在为业务时部门服务常犯的错误主要有：过于相信统计报告；过于相信权威观点；很少关注竞争对手；很少关注市场动向。事实上，政委要想创造价值，创造未来，就要看到未来，就必须要知道组织未来走到哪里去，同时预见到未来组织对于人员能力方面的要求，然后帮助现在的团队走过去，取得未来的一个满意结果。

政委不能一直做"井底之蛙"，而是要时时关注行业内的技术变革、整个市场的经济发展形势以及全球化和人口等问题，识别时代变化并为组织的业务发展提供独特的见解。

二、阿里政委的修炼术

从阿里政委的 7 项胜任力中可以看出，成为一名优秀的政委是要走很长的一段路的。要成为优秀的政委，需要做到：所学所看所听的海量积累、垂直或水平思考、结构化梳理、矩阵式思维、个性化展示、建立表里如一的人际沟通力、扎根业务面、具备较强的业务理解能力、能够解决具体经营问题。总结起来就是以下四个方面的内容，即知识技能、个人思维、人际沟通和业务经营，如图 7-5 所示。

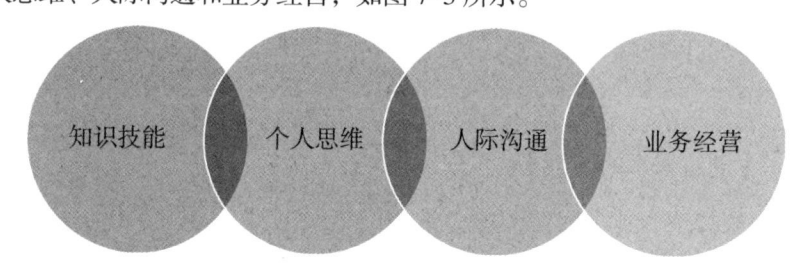

图 7-5 阿里政委的自我修炼

1. 知识技能

政委的 7 项胜任力中的专业力就是要求政委具备良好的专业知识基础，能够为业务部门提供定制化的人力资源管理措施。所谓"书到用时方恨少"，政委只有时刻补充自身的专业知识，才能应对时刻变化的组织和团队环境。政委可以利用空余时间系统阅读专业经典文献，更新自己的知识体系，包括人力资源管理相关的管理学、心理学、社会学、经济学等，拓宽知识面，届时可能会有"他山之石，可以攻玉"的功效。当然，阅读不能仅限于本领域，政委要求的是综合能力，所以还需要对企业运营、财务管理、辩证思维、写作能力等进行学习与练习，提升心智模式和思维模式。

专业经典难免会有滞后性，为了把握最前沿的行业发展动态，政委还需要长期"泡"在相关行业论坛，或者每天在社交论坛（微博、豆瓣、知乎等）中关注行业内的实时动态，并且思考行业内的变化对公司的发展将会产生怎样的影响。

2. 个人思维

阿里巴巴对政委要求具备一定的判断力和创造未来的能力。这就要求政委在思维上要有转变，要从职能思维转为业务思维，从用户思维转为产品思维，从线性思维转为结构化思维、立体思维，需要了解市场、了解业务流程，而且仅仅自己转化思维不行，还要通过带动和引导，让企业所有员工的思维都转化为政委思维，如图7-6所示。

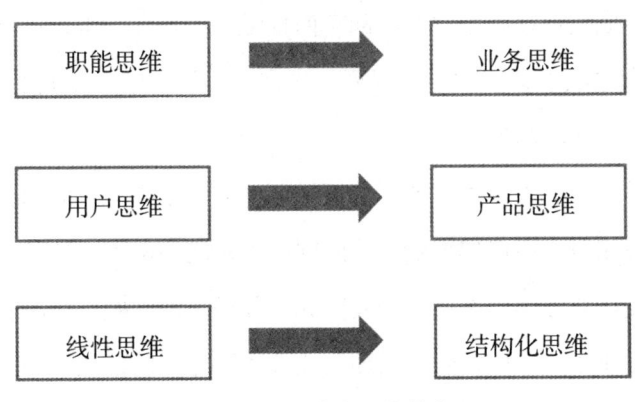

图7-6　个人思维转变

要转变思维，首先就要形成换位思考的习惯。在做任何事情之前都要问自己一下：我的客户是谁？他（她）的需求是怎样的？我怎样才能满足他（她）的需求？怎样才能让他（她）相信我所做的工作能够满足他（她）的需求？

3. 人际沟通

说话是一门艺术。同样的语言，不同的人会有不同的表达方式，从而产生不同的意思效果。想必政委对于语言的艺术性深有体会，尤其是那些非业务出身的政委，在和业务团队沟通的时候常常会显得比较费劲。政委在业务部门的主要沟通对象就是业务经理及其团队成员。沟通能力包括两个方面的内容：表达能力和理解能力，而政委要提升沟通能力，就要从这两个方面入手。

首先是表达能力。提高表达能力就是要简洁、有逻辑地表达出自己的意思，在阐述某个问题的时候要有条理和层次，注意罗列1、2、3。这样做既可以让自己的思路更清晰，同时也方便对方理解。这就要求政委在和员工或者业务经理沟通之前要明确沟通的主题和大致的沟通提纲，避免造成沟通过程中"东扯葫芦西扯瓢"的局面。沟通提纲最好是细化至每个主题下具体的要点罗列，先讲啥，后讲啥，做到心里有数，这样的沟通才比较高效。

其次是理解能力。理解能力可以从两个方面来提升：问问题、简述自己的理解让对方明白你理解了。问问题不是随便乱问，这其中是有技巧的。政委在业务部门主要就是要问和业务相关的问题，解决自己的疑惑，加深对业务的了解，同时增加与业务团队之间的信任。问问题要采用引导式的提问方式，比如业务经理执行某项业务方案时，站在全局角度的政委想给业务经理提出更好的意见，但是业务经理往往会执着于自己的想法，就算知道不合适，也会碍于面子，一直拗到底。这个时候就需要政委发挥语言的艺术性了，他可以选择将问题抛给业务经理，由业务经理来解答，很自然地引导业务经理发现这个方案不合适。

提升理解能力的另外一个途径就是在对方表达完之后简述你的理解，这样对方就能知道你对他（她）表达内容的理解程度。这个动作并不是复述对方表达的内容，并不是多此一举，而是用自己的思维理解沟通内容。这对于增强沟通效果是有很大帮助的。比如，政委在和员工或者业务经理进行沟通时，可以在讲完的时候加上一句："这样说你能理解吗？""我这样理解对吗？"

4. 业务经营

政委的存在是要帮助业务部门解决问题的，政委如果不了解业务的话就不知道该怎么解决问题，只会是"帮倒忙"。要提升业务经营方面的技能，主要有三种途径：阅读业务方面的书籍、参加业务会议、亲身实践。

这三种途径是有一定顺序的，了解业务首先要了解公司所在行业的总体情况、竞争对手的发展情况、公司在整个行业中所处的位置等，这些可以通过阅读相关的行业分析报告或者白皮书等来获取，所以首先要做的就是阅读相关文献，了解宏观层面的静态和动态资讯。然后就可以从业务部门的会议入手，参加业务部门大大小小的会议，从会议中了解公司的业务运作模式，盈利点、核心竞争优势在哪，是成本控制、营销策略、产品质量还是企业品牌，最后就是要跟着员工前往销售前线，"实践出真知""读万卷书不如行万里路"说的就是这个道理。到业务场景实践的目的主要就是亲身感受销售员工的具体工作技巧，在工作中会遇到哪些问题，这些对于政委进行业务诊断和业务运营有很大的帮助。这一套学习下来，政委对业务的理解就不会差到哪里去，就能够更好地进行业务判断，解决业务运营问题，和业务方之间的信任度和黏性也会迅速提高。

三、如何搞定政委团队

1. 政委从哪里来

马云最初提出要把"支部建到连队上",每个业务团队配备一名政委,开始在阿里巴巴内部操作政委体系。如今,阿里政委体系已成为HRBP模式在民营企业中的成功案例,也让阿里巴巴成为行业内的标杆企业,成为众多企业学习的典范。政委团队作为政委体系的主体,其团队建设的必要性和重要性可想而知。

作为政委体系运行的开端,首支政委队伍的建设意义非凡,作为第一批政委团队的成员,肩上承载着公司使命与期望,素质要求自不会低。首批政委团队成员的选择是非常重要的,阿里巴巴首批政委的来源有三个:业务部门、HR部门和企业外部。阿里政委近1/3以上都是业务部门的骨干,是业务部门比较优秀的经理、优秀的主管,这样抽调出去势必会导致业务部门的优秀骨干减少,不过现在回过头来看,尽管当时很艰难,但是还是很有远见的。阿里政委的另外1/3是来自HR部门,由职能型HR(Function HR)转型为政委(HR Generalist),颇有从"专科医生"转为"全科医生"的味道。这些政委是在企业内部调配的,都是初次当政委,没有任何经验。当时马云可能考虑到这个问题,就从外部(华为、GE等大型企业)引进了一批有过HRBP实践经验的优秀人士,这样就可以在一定程度上指导或者培训内部的政委。

在阿里政委选拔的过程中，一般会被问到两个问题：你的梦想是什么？你认为自己是主人，还是职业经理人？

【你的梦想是什么】

阿里要求个人的梦想可以跟组织的理想统一，个人的能力和特长能够在岗位上为阿里巴巴做出贡献，并且使阿里巴巴集团能够对其产生信任。

共同的信仰是连接组织与个人的纽带。阿里在选拔培训中谈得最多的就是，"阿里为什么存在着""阿里的存在到底要为这个公司、组织和社会带来些什么""阿里相信什么、不相信什么"。

【你认为自己是主人，还是职业经理人】

对于阿里政委，阿里期望他的心态不是把自己当成一个职业经理人，而是在共同经营一份使命和一个家。

因此，公司的事就是自己的事，都是你的事。阿里经常在干部培养晋升中就这个问题进行探讨，在日常工作中进行观察。是主人还是工人，取决于你把自己看成什么。你认为你是主人，你就是主人。

2. 不想做政委

阿里巴巴是以业务为导向的电商企业，HR 部门在企业中属于职能类部门，就待遇和未来的发展前景来看，业务部的骨干当然是前途一片光明。相较之下，HR 在企业中的发展通道就要狭窄许多。但是，阿里巴巴是个靠道德和文化治理的企业，员工进入阿里巴巴就要充分信任公司，公司对员工的频繁调配、员工自由轮岗，这些早在创业时期就成了阿里巴巴的传统。组建阿里巴巴政委团队时，需要从业务部门抽调大量业务骨干，大部分骨干还是会选择信任公司，服从公司的调配。为了挑选出最优秀的政委，公司在坚持自愿和内部选拔相结合的基础上，优先选拔有团队管理经验的管理者做政委。当然，并不是选择做政委之后就无法回到业务线，阿里巴巴是非常鼓励员工轮岗的。所以，就算成为政委，以后还是有很多机会能够继续在业务线发展。

事实证明，有过政委经验的管理者，在业务方面发展得更好，因为他（她）的人员管理和组织管理能力有大幅提升。有了优秀政委的示范作用之后，政委团队的组建就不成问题了。

3. 不会做政委

政委是一个综合能力要求比较强的职位，涉及业务和 HR 两个方面的知识和技能。不管是来自业务方的骨干，还是来自 HR 部门的管理者，都需要进行相关知识和技能培训，来缓解业务骨干和 HR 担心把事情搞砸的心理压力。

阿里巴巴的培训体系比较完善、系统，针对不同的岗位、不同级别的员工有不同的培训计划，并有独特的命名方式。专门针对政委的培训项目称作"百年妖姬"项目，确保员工在培训中确实感到能力有所提高。"百年妖姬"项目是由集团总部领导的，更多的是接近心理学方面的培训内容，包括教练的技巧，以及共创会等技巧。共创会是来自行动学习的一个概念，应用在团队管理中，是以培训或会议的形式，通过设定既定主题，确保团队成员共同打开，共同看见问题，共同激活创意，共同创造未来。对业务的了解和对人的了解，是阿里对于政委的基本要求。

除了培训之外，还需要政委亲自到区域中间实践，实践过程主要是锻炼政委的技能。可以分为两个阶段，师带徒阶段和独立行动阶段，每次实践之后都要总结经验。在实战过程中，可以安排针对性的专业任务来提高相应的能力，如人员管理能力、团队建设能力、组织能力等。相信经过培训和实战之后，政委完全可以感受到自己各方面能力的提升。这不仅可以增强政委的工作信心，更多的是增强其对政委工作岗位的认同，顺利推动政委体系的运行。

4. 阿里政委养成记

阿里巴巴的政委一职并不是随意设置的，马云对于政委的培养和成长有自己的看法。政委除了要做和普通员工一样的培训之外，还有比较独特的培训内容，如政委的在岗培训、如何成为区域经理的搭档等。一个新政委从入职到独立工作，如何培养，如何成长，对此阿里巴巴设计了一整套培训体系，对政委进行阶段性培训，在每个阶段具体该做哪些工作，达到怎样的培训效果都有明确要求。具体的培训分为新人入职培训、政委在岗培训、拎包上岗、交接工作和独立工作五个阶段，详细的培训内容如表7-2所示。

表 7-2　阿里巴巴政委的赋能过程

阶段	项目和时间安排	工作内容
第一阶段	新人入职培训（20 天）	• 熟悉产品知识、公司文化、大区文化 • 初步了解 HR 大角色 • 和区域人员进行交流 • 大区新人沟通、帮助学习
第二阶段	政委在岗培训（10 天）	• 公司、部门、HR 组织架构 • 政委的三大任务 • 政委的四大角色和三种境界 • 各职能岗位轮岗学习
第三阶段	拎包上岗（15 天）	• 了解大区后台相关部门的职能与作用：到服务部、市场部、培训部、招聘部各进行三天学习 • 了解大区市场情况，了解各销售岗位的业务流程：到其他区域拎包 • 了解区域经理和其他 HR 是如何开展工作的 • 参加一次启动会议，特别关注月度会议流程 • 按照模块学习 HR 制度与流程 • 向大政委回顾总结
第四阶段	交接工作	• 区域制度 • 人员盘点表 • 六个重要文档（离职文件、面试记录表格、员工记录表、员工病假条、免死金牌记录表、工资表） • 招聘计划和渠道（招聘专员联系方式、详细资料） • 团建费的交接（附上团建申请的表格） • 区域年度计划和实施进展

续表

阶段	项目和时间安排	工作内容
第五阶段	独立工作	• 与区域经理破冰，介绍自己 • 与区域经理交流区域年度目标（业绩目标和团队目标）、区域的总体情况、人员情况（标杆员工和问题员工） • 与主管层面交流主管组的年度目标、总体情况以及人员的情况 • 组织一次和区域经理、主管的放松式交流

简要来说，阿里政委的赋能过程包括：①百年大计——阿里全员的入模子培训；② HRG 培训——HR 岗前培训，培养 HR 多面手；③拎包上岗——深度了解公司业务，走动式学习；④交接工作——与业务经理磨合；⑤独立工作——拿到驾照，正式上路。

经历了上述五个阶段的训练之后，阿里政委才能真正地被称为"政委"，今后才能更好地服务于业务团队及整个组织。

本章参考文献

[1] 资料来源：阿里巴巴招聘网站. https://job.alibaba.com/zhaopin/position_detail.htm?positionId=37253.

[2] 胜任力模型和任职资格管理在企业实践中的最大区别 [EB/OL]. [2017-04-18]. http://www.hrloo.com/rz/14169130.html.

第8章 阿里政委工作方法论——六个盒子、复盘

任何事件的推进和解决都有方法，即使它可能是潜意识的、朴素的、低效能的。在工作中，将方法提炼、归纳、总结形成方法论，方法论经过优化后在以后的工作中实践，再次提炼、归纳、总结，不断完善，形成最佳实践。政委的工作涉及组织、人和业务，处理工作所用到的工具和方法论主要有诊断工具六个盒子、复盘过程中的复盘和群体回顾、人才盘点和干部培养。因为这些工具的存在，阿里的政委才能够在复杂多变的环境中，高效地完成政委的使命。

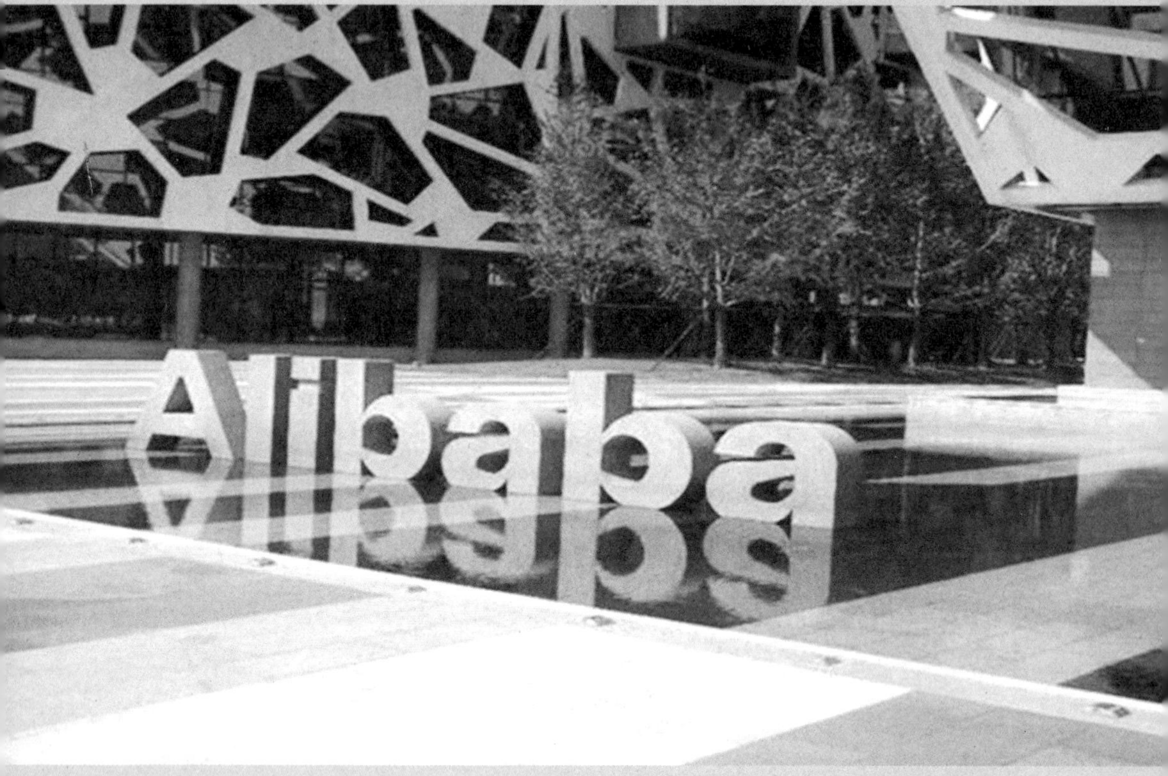
Alibaba

一、组织诊断神器——六个盒子

1. 六个盒子

政委要解决组织上的问题，必须要学会对组织进行诊断，俗称"把脉"，如何把好脉是一门学问。阿里政委在组织诊断上有自己的工具和技巧：六个盒子。可以借助六个盒子"盘点现状""打开未来"，以及搭建起现实与未来的桥梁。阿里有句土话："不论组织结构怎么变，六个盒子走一遍"。

其实六个盒子并非阿里巴巴独创，它是由韦斯伯德的六盒模型演变而来，用来诊断组织的各个方面，及时发现组织发展的困难与障碍，尽早采取措施，保证组织的顺利运行。六个盒子代表的是与组织经营管理有关的六个方面，即目标/使命、组织/架构、关系/流程、激励/奖励、帮助机制、领导/管理，如图8-1所示。

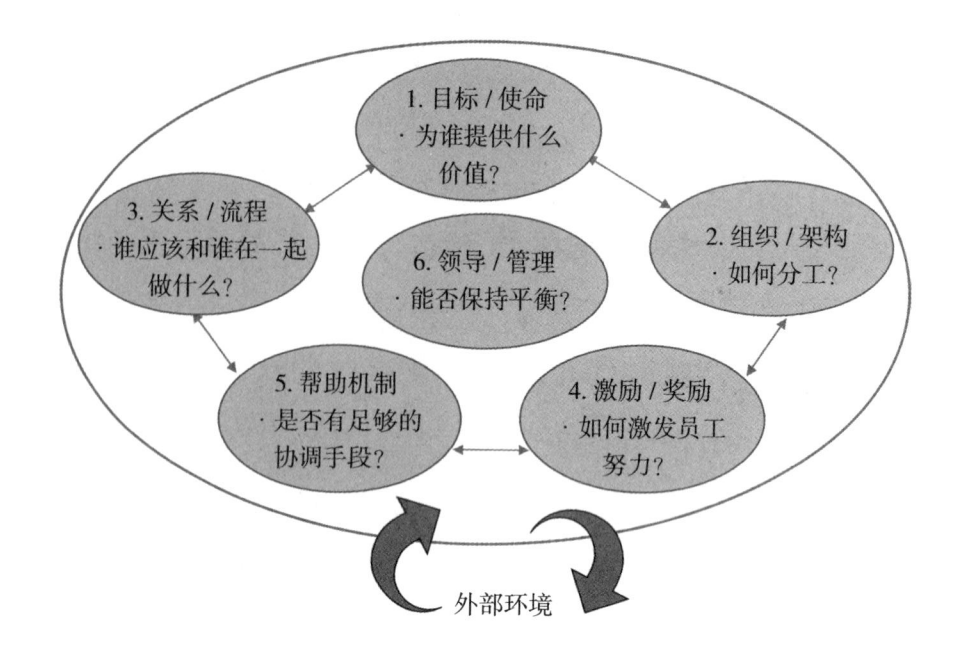

图 8-1　阿里政委的六个盒子

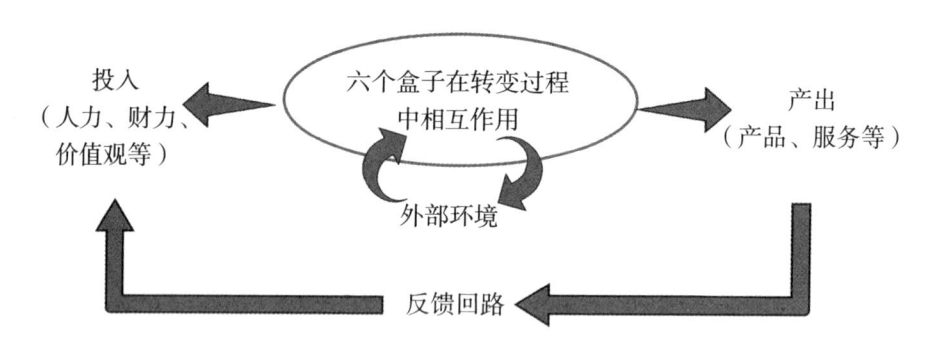

图 8-2　投入—产出系统的六个盒子

图 8-1 就是阿里进行组织诊断的六个盒子，环形表示阿里巴巴的企业边界。在企业边界内部，各个盒子之间相互作用形成投入—产出系统，即图 8-2。每个盒子由两个部分组成：一部分是文件系统，即阿里巴巴已经形成的各项规章制度文件，如阿里巴巴的使命和企业目标、各项正式的激励机制等；另一部分则是执行系统，即企业对这些正式文件

的实施情况。执行系统在一定程度上反映文件系统，更加能够说明阿里巴巴的日常运转是否有效。

六个盒子的内容并没有明确的顺序排位，没有指定哪个盒子重要，哪个盒子不重要。每个盒子只代表组织诊断的时候需要全面考察的东西。

【第一个盒子：目标/使命】

阿里巴巴在每年的12月或者1月会制定来年的战略目标，业务部门会画出业务大图，制定相应的业绩目标，但是业务大图背后是什么？业务方是否有清楚地认识到客户是谁？客户价值是什么？回到本源，还是在回答"我们为谁创造什么价值"这个命题，其实就是在谈使命。

在阿里做业务，基本上每个人都谈客户价值。追求利润是销售人员的天职，但作为技术人员也在想这个问题，这家公司是不会长久的。阿里是一家以运营为特色的公司，这是它业务为什么那么强大的原因。要制造几个爆点，让爆点去带动整个业务往前跑，即所谓的运动战。

【第二个盒子：组织/架构】

为实现这个目标和使命，该如何分工？应该设计怎样的组织架构？在这个盒子里我们要明确的是知人善用，排兵布阵，在日常工作中怎样合理地配置员工，将合适的人放在合适的岗位。这是组织的制度设计者需要考虑的因素。

【第三个盒子：关系/流程】

人与人之间、团队与团队之间业务依赖关系的基础是什么？彼此之间是不是畅通协调的？这主要还是看后台与前线之间的关系、前线与前线之间的关系。这个盒子告诉我们如何造土壤，建机制，提升整个组织的效率。比如产品、运营和技术开发，是互联网企业常有的三条线，三者常常有矛盾，梳理就很重要。而阿里在做菜鸟时就是采用三位一体的方式，让技术参与到产品、运营的决策中，让运营了解产品的落地、执行，最终在流程的梳理上取得很好的效果。

【第四个盒子：激励/奖励】

如何激发员工动力，激励员工朝着集团目标前进？在阿里巴巴，除了传统的物质激励之外，政委需要思考的是如何用梦想驱动员工，最终实现企业目标。激励/奖励是否有效，从员工满意度调查、360度调研等就可以看出来。在阿里巴巴，会在组织大图和业务大图中告诉员工来年的重点奖励方向，引导员工走向。

【第五个盒子：帮助机制】

什么样的支持和工具能够帮助员工达成目标？帮助机制有两种：正向帮助和反向帮助。后台自认为是有正向帮助的一些工具，对于前线来说可能适得其反。如支付宝的文化是"因为信任所以简单"，但由于财务的严谨流程，业务方在与客户洽谈时很受限制。于是，彭蕾就出面协调让这个阶段的财务流程让步，支持业务往前走，从而在文化上也保持了一致性。

【第六个盒子：领导/管理】

领导能否平衡上述这五个盒子之间的关系，重点体现了领导层是不是一个团队。在阿里巴巴华南区，有6位高管构成核心管理层，这6位管理者构成一个团队，需要在员工面前发声一致，收到的反馈信息需要及时共享。这个领导班子能够发挥100%甚至是120%的价值，是最能激励员工的。

2. 六个盒子的落地

关于如何用六个盒子来诊断组织中的问题，阿里政委的实践案例给出了最佳答案。六个盒子的实践最关键的地方其实在于前期的策划。假如策划过程比较细致、全面的话，其实就已经成功 90% 了，真正的实践过程会变得比较轻松。

阿里巴巴政委实践六个盒子的经验如下：

首先是组织方式。组织关于六个盒子的讨论要遵循全面性、真实性和开放性原则。全面性是指全员参与，每个人的想法和视角不同，这样就可以尽可能全面地概括出所有问题。真实性则是要求参与讨论的员工说出自己真实的想法，不需要顾及太多，若是隐藏问题，就失去了讨论的意义。开放性是指员工在现场可以充分互动，提高参与度。总结起来，六个盒子的组织方式可以分为分组机制、轮流发言机制、学员币（虚拟币）机制、反馈机制、小组评比机制、学员 DIY 机制和小奖励机制等 7 种，如图 8-3 所示。

图 8-3 六个盒子的组织方式

其次是角色设置，包括观察员的角色的设置。希望在讨论过程中有专门的人负责控制小场，能够对组内讨论的模式、讨论的深度等进行把握，担当此任的人可以是业务主管或者引导师。还可以尝试让小组之间相互观察。在引导和观察时要注意，不是去解决业务本身问题，而是要看讨论的质量，对问题本身的共识是什么。引导的方法可以是做一些提问和反馈，如图8-4所示。

主持人	·流程实施 ·确保讨论深度
观察员	·控制小组 ·可以是业务主管或者引导师
专家小组	·诊断方法 ·专业辅导
组织者	·活动后勤 ·物资准备

图 8-4　六个盒子的角色设置

最后是流程设计。流程设计花费的时间可以根据人员的多少进行调控，少于20人可以控制在一天以内，超过20人则可以控制在1.5~2天时间完成。整个设计过程包括三个部分：理论部分、实战部分和复盘部分，如图8-5所示。

理论	·每个盒子给出30分钟 ·给出答疑时间
实战	·问题库梳理 ·与实际问题相结合
复盘	·回顾讨论重点 ·总结关键点

图 8-5　六个盒子的流程设计

理论部分主要是一个PPT内容的消化、转化和输出的过程，主要包括两个部分：PPT内容讲解和六个盒子的讨论分享。讲解PPT的内容就是解答全员关于六个盒子的疑问，主要涉及的内容有：六个盒子的内容、采用六个盒子这种诊断工具的理由、运用六个盒子能够创造的价值等。打个比方，"组织/架构"这个盒子，需要重点讲清楚如下几个问题：企业的组织架构是怎样的？企业的排兵布阵是怎样的？关键岗位的主管胜任力是否符合要求？有没有能力发展计划？从业务和人来看，哪些是外招，哪些是内招，员工的周期如何？……

实战部分主要是现场的流程、问题、组织方式的设计。将PPT中关于六个盒子需要深度探讨的问题和业务主管进行沟通，这样能够发现哪些问题更符合业务方或者组织的需求。业务方需要真实客观地呈现组织目前存在的问题，而不是一味地抱怨过去，或是探讨未来的愿景。流程设计的最终目的是让所有人都参与进来，敢于讲真话。

【六个盒子的落地关键点】

六个盒子要真正落地，发挥应有的效果，关键要搞清楚以下三个问题，即和谁用、为何用、如何用如图8-6所示。

图8-6 六个盒子落地的关键点

首先是六个盒子的使用人群。并不是一个人去梳理每个盒子的内容，而是和其他人共同面对每个盒子，共同探讨，即输入高质量的信息将对有效产出有着重要影响。

其次需要解决的问题就是为什么要用六个盒子。韦斯伯德的六盒模型就像雷达，业务上的关键战役、关键节点就像雷达上的每一个亮点。除了要看到亮点之外还要看到整个雷达，以组织内部的视角，不断检视业务实现过程的利器，盘点现状，打开未来可能性，以及搭建起现实与未来的桥梁。六个盒子是站在微观的视角上看整个组织大图，以一个更全面的视角看组织。

最后是要明确六个盒子的使用方法。政委需要与业务方共同讨论每个盒子中需要问的问题，每个盒子中要提出至少 3 个问题，针对每个问题又可以深扒出多个问题，像剥洋葱一样，一层一层地剥到问题的核心。团队也可以自己设计出想问的问题，通过在一起进行讨论凝聚共识，提升了效率。不但让每个人听懂了别人表达的内容，还清晰地表达了自己所想表达的内容。

【六个盒子的应用场景】

在了解完六个盒子的理论内容及落地的关键点之后，就需要知道六个盒子的具体应用场所。六个盒子是组织诊断的"神器"，那"神器"具体要用在什么时候或者什么情境下呢？主要有三个地方需要用到六个盒子：新团队摸底、组织中调频和组织结构调整前，如图 8-7 所示。

| 新团队摸底 | 组织中调频 | 组织结构调整前 |

图 8-7 六个盒子的应用场景

（1）新团队摸底：当你进入一个新的团队，想全面了解这个团队时，可以采用六个盒子进行摸底。

（2）组织中调频：当你和关键人物对话，深度进行组织盘点和现实状况讨论时，可以采用六个盒子帮他厘清思路，照镜子，找出组织中存在的问题。

（3）组织结构调整前：可用于帮助梳理现状，找到调整后的目标。

3. 六个盒子在阿里云的实践[1]

阿里云——阿里巴巴集团旗下公司，是全球领先的云计算及人工智能科技公司，为200多个国家和地区的企业、开发者和政府机构提供服务。根据市场研究公司Gartner最新市场份额研究数据显示，阿里云已成为全球前三大公共云服务提供商[2]。阿里云的组织诊断也会用到六个盒子，对每个盒子的分析如表8-1所示。

表8-1 六个盒子在阿里云的实践

盒子	讨论的问题
目标/使命	战略大图
	战略大图落地
	如何衡量（KPI是什么）
	拼大图
组织/架构	排兵布阵
	核心部门经理是否胜任
	战略所需要的核心能力是否具备
	如何趋向扁平化、弹性化以及增强自我驱动力

续表

盒子	讨论的问题
关系/流程	部门和主体其他部门的关系
	关注官方的流程，更要关注民间的流程
	边界模糊是常态
	组织文化：让大家在面临选择时判断一致，而不依赖于流程制度，人际依赖越来越强
激励/奖励	奖励：由外而内；激励：由内而外
	如何奖励和激励
帮助机制	是否有足够的资源去做
	公开透明的协调程序
	如何帮助和支持
领导/管理	在第一个盒子的表现：指明方向，使众人行
	在第二个盒子的表现：排兵布阵，知人善用
	在第三个盒子的表现：建机制，造土壤
	在第四个盒子的表现：梦想驱动，奖谁罚谁
	在第五个盒子的表现：协调资源，扩大影响力

二、复盘，你会玩吗

2016年9月12日下午，阿里巴巴安全部的四位工程师，抱着抢购月饼、秀技术的心态在公司月饼内销过程中，采用技术手段作弊，共计刷了124盒月饼。公司发现后，以"造成公司内部福利分配不公"之名，将4名员工同时辞退，并让他们在当天下午6点前就离开了公司。一时间，以阿里巴巴、抢月饼等关键词为标题的新闻及讨论帖迅速出现在各大网站及论坛，引起网友们的热烈讨论。阿里巴巴的价值观和掌握员工"生死大权"的政委被推到了风口浪尖上。

2016年9月14日，阿里巴巴首席人才官蒋芳就"月饼事件"，在给员工的内部信中写道："今天，集团用4个小时对此事进行了复盘和讨论……"

复盘是阿里巴巴的一种管理方法，也是阿里政委经常采用的一种方法论。阿里巴巴政委是如何进行复盘的呢？这是我们接下来要讨论的话题。

1. 复盘的由来

复盘：从过去的经验、实际工作中进行学习，帮助管理者有效地总结经验，提升能力，实现绩效的改善[3]。这一词汇源自于围棋术语，指下完一盘棋之后，把整个过程简单地再演示一遍，它不是简单的重复，而是对刚才的过程进行一个分析，从中找出利弊得失，从而提高自己的棋艺。

最早将复盘引入管理领域的是联想的创始人柳传志先生。他从小说《曾国藩》中了解到，曾国藩每做完一件大事，都会利用一炷香的时间将整个事件过程重新梳理一遍。柳传志觉得曾国藩的这个做法就和下围棋一样，很符合自己的工作思路。他认为复盘是一种学习方法，有利于提升各级管理者的能力，于是在20世纪80年代，在联想最早引入"复盘"这一方法，那时候更多的叫法是"总结"，但是具体的做法和复盘无异，如强调目的性强、退出画面看画面等。

2001年，柳传志正式提出"复盘"这个词，并于2006年将它明确为联想核心价值观之一，被写入联想文化作用机制报告[4]。

2. 复盘，而非总结

复盘并不是一个哗众取宠的词，它是总结的一种形式，但是比总结更有内涵，或者简单地说，总结只是复盘的一部分。总结是对事件过程进行梳理，它是对已经发生的行为和结果进行描述、分析和归纳，它关注事件的关键点和里程碑。而复盘除了包含总结的动作以外，它还会对未发生的行为进行虚拟探究，探索其他行为的可能性和可行性，以找到新的方法和出路[5]。

复盘和总结的主要区别表现在以下四个方面，如表8-2所示。

表 8-2 复盘与总结对照表

	复盘	总结
连续性	动态连续、立体化	静止跳跃、平面化
结构化	有一定的流程与框架	没有固定结构，较为随意
导向性	以学习为导向	仅归纳，得出结论
参与性	多以团队方式进行	个人总结居多

第一，复盘是一个动态连续的过程，既包含对已知事物的总结，又包含对未知事物的探寻。复盘的进化式过程，是加上执行实践的参照比对，从而排除错误的认识和路径，找到更有效、更符合本质规律的做法。如同高手切磋，除了能看到对方对已知的理解，还会探寻好招的绝妙之处以及具体的应用场景，或者用其他的招式应对会产生怎样的连锁反应等。

第二，复盘是一个结构化比较强的总结方法，遵照一定的流程，以一定的形式进行事情的回顾与总结。相较而言，总结的形式比较随意，没有特定的结构，依个人习惯和理解能力而定。

第三，复盘是以学习为导向的归纳总结。复盘的目的并不在于评价已经发生的事实，而是从发生过的事件中获取经验教训，找到改进的地方，为未知事件的发生做好准备，防止在同一个地方跌倒两次。这其实就是一个学习的过程，做复盘必须秉持客观原则，对已发生的事实既不批评，也不表扬。

第四，复盘是一种团队活动。虽说个人复盘也是存在的，但在企业管理中，复盘多以团队方式进行，如部门之间、小组之间进行的项目复盘。通过复盘，团队成员能够敞开心扉，彼此之间坦诚相待，激发集体的智慧，然后让大家能够挖掘出来知识、经验，从而促进整体的提高和协同的这种效率的改善[6]。可以说，复盘是一种高效的团队学习方法。

3. 复盘的理由

复盘作为一种重要的方法论，还未得到普遍应用，但并不能说明复盘不能成功。复盘是没有任何损失的，可以为迎接下一个"卓越"做好准备。当然，对于参与复盘的个人来说也有可能是一次"残忍"的自我剖析。

复盘是一项团队活动，为何企业要大费周章地进行复盘，主要原因有如下四个：

第一，了解事件的底层逻辑。

很多时候，我们对一件事情只知其一，不知其二，是因为懒于去思考。若不清楚整个事情的来龙去脉和底层原因，就无法系统运用。通过复盘可以让我们了解事情本身最底层的逻辑规律，从而更好地指导我们。

第二，传承经验，提升能力。

经验不是在你身上发生了就是属于你的，同样的经验在不同人的身上，深入程度和收获是不一样的。这也就是为什么有些 2~3 年工作经验的人，反而比 10 年工作经验的职场老人，更能优先获得良好的工作机会。

事实证明，成年人的学习 70% 都是靠经验获得，若不通过复盘来对经验进行加工、整合，进行经验过程中的总结和分析，就很难真正提升个人的能力。

第三，不要在同一个地方跌倒两次。

人无完人，自然也就没有完美的实践。实践后进行复盘，主要是能发现失误或者不完美的原因，分析是由外部的客观因素还是内部的主观因素所致。复盘的初级目标就是保证不会再次掉进同一个坑里。复盘是为了让我们吸取经验教训，不为将来的失误买单。

第四，雕琢细节，追求卓越。

在全盘当中，存在着各个细微的环节。这些环节环环相扣，最终导致了结果。所以复盘的过程，也是将细节重新"曝晒"的过程。知道了哪些地方有可能做得更好，才能在下一次实践中迭代和升级[7]。

三、阿里的复盘实践

复盘在企业管理中的应用是由柳传志先生开创的，作为企业管理的重要方法论，复盘得到了不少企业家的重视，如万达和阿里巴巴也开始将复盘作为重要的工作方法，在日常工作中进行推广应用。

企业管理中的复盘有个人复盘、团队复盘、项目复盘和战略复盘等四种类型。在阿里巴巴，复盘有两类：人才复盘和项目复盘。因复盘涉及的主题、范围以及参与者不同，复盘的"操作手法"和具体程序也有差异[8]。

1. 阿里的人才复盘

阿里巴巴的规矩就是先进行人才复盘，后进行项目复盘。人才复盘的核心是，所有的人今年在公司的组织成长[9]。人才复盘会对所有员工进行排名，这个排名会公布在阿里集团内网上，每位员工都会看到自己在全公司的排名。这就类似于创业公司的事业部排名。

【怎么做人才复盘】

阿里巴巴的政委们进行人才复盘有如下三个值得学习的地方：

首先，视人为人。人才复盘要考量的一个重要因素就是层级。阿里巴巴的人才复盘首先要考虑的就是每个总裁，他们对于人是怎样看待的，是不是把人当人看。马云每次描述一个人的时候都是有温度、带感情的，因为他一直都把人当人看。

其次，问题导向。阿里巴巴集团业务发展越来越多元化，随时都有可能出现新的业务，或者废掉坚持多年的旧业务。当业务走向发生变化的时候，人才并没有及时地进行匹配，政委在进行人才复盘的时候就要思考，这到底是业务的吸引力不够，还是对人才的培养力度不够。找出问题的根源，就从基础上做好保障。

最后，自上而下。人才复盘真正落到实处，盘出效果，还是需要组织的高层领导充分重视。马云一直都非常重视人才，强调人才轮岗。最大型的一次人才轮调应该是 2012—2013 年间的 25 位集团层面的管理者的轮调，很多管理者被轮调到了完全不熟悉的岗位。

【人才盘点重点盘谁】

在阿里巴巴，员工要接受业绩和价值观的双重考核，并根据考核结果将员工分为猎犬、野狗、小白兔这三类。小白兔类型的员工没有什么业绩，而且一直不肯改变，这么混下去，小白兔就变成了老白兔，他们在公司资历较深，但是又缺乏发展潜力，人才复盘的重点对象就是这类员工。

老白兔看起来兢兢业业，实则产出有限，有时还会说一些风凉话。这部分人在组织中占据着重要岗位，但是却不作为，使得很多新人丧失了很好的创造价值的机会，甚至还会影响组织的新人。因此，在人才复盘中找出组织中的老白兔，并进行换岗、降级或者辞退也是很重要的工作。

每次进行人才复盘之后会制定一个人员列表，包含盘点出的业绩较差的员工和老白兔，政委后续会对这些人进行跟进，看绩效是否有提升、是否有换岗，还会结合这部分人的综合表现，详细讨论员工的未来走向，哪些可以被辞退、哪些可以考虑降级、哪些可以考虑"挪一下"。这样组织才会有持续前进的动力[10]。

2. 阿里的项目复盘

阿里巴巴的所有项目都要进行复盘，并且和人才复盘不同。项目复盘是将项目所有的数据、计划、最后的结果以及消费者的反应、平台对策、资源都拿出来，重新走一遍流程，然后跟所有项目相关人员或者管理方做沟通，强调全员参与。复盘的过程能够让全员对项目进行一次反思。

马云喜欢个性化、比较有特色的东西，所以阿里巴巴的复盘也独具阿里特色。阿里复盘的特色主要体现在如下三个方面：（1）既看局部，又看整体，复盘更全面；（2）既谈事，又谈人，有点非理性；（3）沉淀经验，落实行动，团队共成长，如图8-8所示。

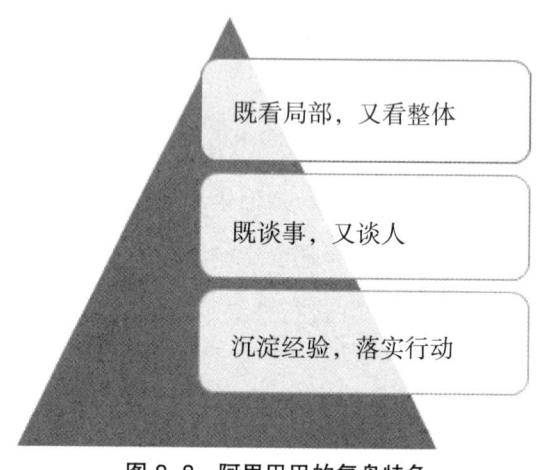

图8-8 阿里巴巴的复盘特色

具体来说，阿里巴巴的项目复盘有以下六个步骤。

【第一步：复盘准备】

在阿里巴巴，复盘之前都会事先告知参与者关于此次复盘的简要内容，甚至会制作出一个模板，让参与者表达出对这次复盘的期待，及想要在复盘中扮演的角色。比如，阿里巴巴的菜鸟团队进行"双11"复盘时，会事先通知物流各个业务块负责人，包括CEO以及大项目经理，会让各位参加复盘的负责人明确复盘会中的定位，希望复盘会产生怎样的效果。

【第二步：两两交流】

两两交流就是在复盘会中，每个参与者都要对此次事件/项目进行总结，总结出做得好和略显不足的地方，并积极分享给其他人，带动其他人思考，确保全员参与。

【第三步：个人回顾】

个人回顾一般是采用总负责人→分负责人→项目成员的顺序进行。首先是总负责人对项目进行梳理，梳理出项目的关键点，如项目有一年定的数值，第二年有可能会翻一番或者呈几何级增长，怎么去扩展？整个项目计划出来，明年必须在某个点上翻倍，甚至翻好几倍……由此，找到关键事件和关键点。然后由各分项目负责人讲述自己负责的部分的关键点。最后就是项目成员讲述在整个项目中的感受，这很重要，阿里巴巴也很重视员工的个人感受。

经历这三个步骤的总结、分享，才能把所有人带入，这样的复盘才是特别的，如图8-9所示。

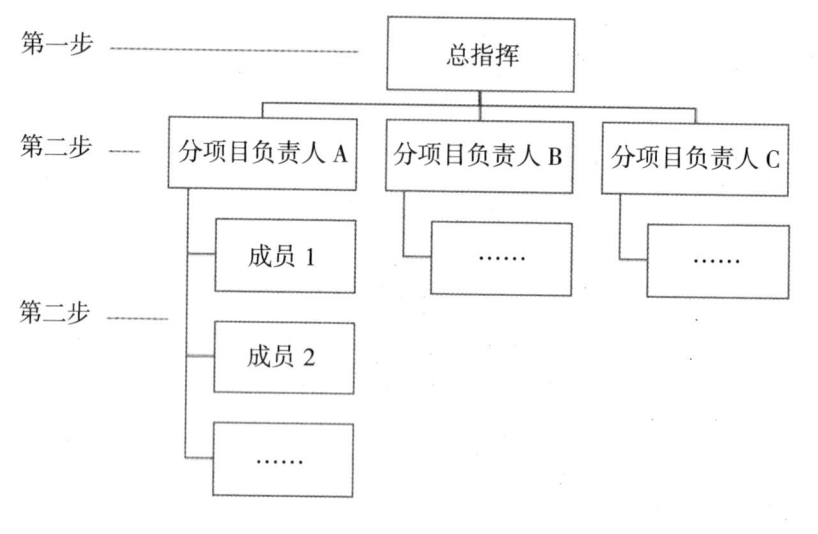

```
第一步 ──────────────  总指挥
                        │
                ┌───────┼───────┐
第二步 ──   分项目负责人A  分项目负责人B  分项目负责人C
                │           │           │
                成员1      ……         ……
第二步 ──
                成员2
                
                ……
```

图 8-9 个人回顾的步骤

【第四步：欣赏式探询】

在复盘过程中要探询员工在整个项目中的感受，下一个项目会采取怎样的行动，在整个实践中发挥怎样的作用。

【第五步：集体沉淀】

将所有梳理出来的关键问题制成责任清单，具体的问题落实到具体的人去执行。什么时候出来一个什么样的方案，什么时候去解决，形成一个方案表。

【第六步：改善行动】

从复盘讨论结果中分析需要改善的点，并聚焦改善点落实，如图8-10所示。

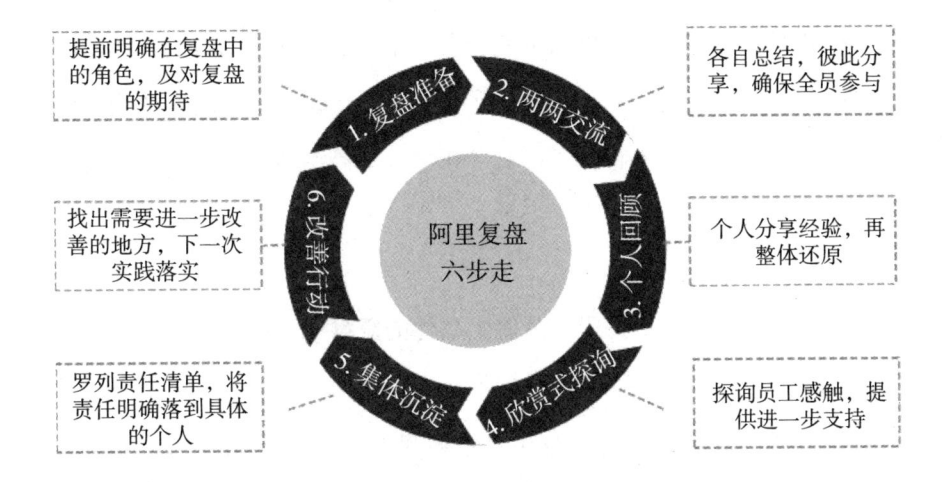

阿里复盘六步走：
1. 复盘准备 — 提前明确在复盘中的角色，及对复盘的期待
2. 两两交流 — 各自总结，彼此分享，确保全员参与
3. 个人回顾 — 个人分享经验，再整体还原
4. 欣赏式探询 — 探询员工感触，提供进一步支持
5. 集体沉淀 — 罗列责任清单，将责任明确落到具体的个人
6. 改善行动 — 找出需要进一步改善的地方，下一次实践落实

图8-10 阿里复盘的六个步骤

复盘本身并不决定业务和产品的具体衡量标准，但还是要进行复盘，主要原因在于复盘很大程度上影响到组织对项目负责人的能力评估，甚至是对整个项目团队表现的评价[11]。

3. 阿里复盘案例

"赢的人要反思，我们侥幸在哪里，输的人要反思，我们输在哪里，是哪些事情我们做好了，我们就会赢，把时间专注在这，可能会好些，否则永远把时间停留在这个没做好，那个没做好，那就没士气了。因为输的反思的目的是下一场要赢。赢的人也要反思，我们侥幸在哪里。"

——马云

【"月饼"事件复盘】

2016年9月14日，阿里高层因为"月饼事件"受到外界舆论质疑后，一份阿里巴巴集团首席人才官蒋芳发给员工的内部信流出，该信以"关于月饼事件的复盘"为标题，重申了阿里高层对于此次事件的价值判断，还表示处罚决定得到了马云、张勇等最高层的认可。信件全文如下[12]：

关于"月饼"事件的复盘

9月12日，安全部4位同学和阿里云安全团队的1位同学，用编写脚本代码方式，在公开秒杀月饼的内部活动中"秒到"了133盒月饼。

首席风险官刘振飞及阿里云总裁胡晓明在与上述同学经过非常坦诚的沟通之后，公司对上述同学做出了劝退的决定。这不是一个容易做出的决定，也不是一个可以得到各方面理解的决定，这个决定也让公司再次成为舆论的风暴眼。

来自公司内网、微博微信、知乎等各种对此事的关注和讨论我们一直在看。今天，集团用4个小时对此事进行了复盘和讨论，逍遥子、戴珊、行癫、振飞、郭靖、王坚、王帅、马老师及我都参与其中。最终我们选择支持振飞和晓明的决定。我们读到和听到各界的反馈，也检讨和反思我们在做这个决定之前和之后哪些工作没有做好，引发许多同事担忧我们对坚守价值观过于偏执以及会给鼓励创新的容错文化造成伤害。实话实说，我们也争论过，纠结过，感到难受过。

很多人问为什么我们处理得这么重？因为阿里是一家把权力真正下放到每个普通小二手里的公司，下放权力的基础就是组织和员工之间的本能的信任。只有一个建立在信任基础上的团队才能走得长远，打得起硬仗。因为只有授权才能服务好客户，更快地根据客户需求做出迅速有效的决定。但我们必须反复提醒自己，要善待手中的权力，也像爱惜自己的眼睛一样爱惜别人对自己的信任，爱惜自己的才华，更何况是以攻防网络灰黑产和反作弊为己任的安全部门同事。

未来我们还将继续充分信任和授权我们的同事。在这个过程里，我们可能还会做出一些让公司陷入风暴眼的决定，因为我们不是做给别人看的，而是敬重大家彼此间的信任、一致的理念，遵循做事做人的初衷和本心。

公司和人一样，不完美。我们很幸运，用本心做对了一件件小事，才有了今天的影响力；未来我们若不能保持一颗敬畏心，而是以自己的方便和获益为首要考虑，那么也将是一件件看似不起眼的小事，解构和击败所有人的奋斗。

有时候往往无心之举，却带来了大家都不愿但也要面对的结果，这种结果最让人无奈。在月圆之夜送同伴离开，应该是这个中秋最大的遗憾。真心希望也相信这个事业、人生旅途上的挫折，能让这几位年轻人想得更远，走得更踏实。每个阿里巴巴的同事也更应该理解，因为征途远，责任重，唯有学会约束自己的欲望，尊重自己的能力，敬畏手中的权力，我们才担得起亿万客户的信任和托付。

蒋芳

2016年9月14日

【"双11"复盘】

"双11"即指每年的11月11日，是指由电子商务为代表，在全国范围内兴起的大型购物促销狂欢日。源自于淘宝商城（天猫）2009年11月11日举办的促销活动。"双11"是阿里巴巴一年中的重大型项目，2017年天猫"双11"全球狂欢节总交易额（GMV）达到1682亿元人民币，创历史新高。作为重大项目，每年的"双11"结束之后都会进行复盘总结。

2017年的"双11"复盘会在14日举行，CEO张勇对"双11"的亮点进行总结，并对员工提出新的要求和目标。希望员工把"双11"的交易额只看作一个符号，要站在商家和用户的角度总结和沉淀经验，孵化更多创新的想法和业务，将今天的峰值变成明天的常量。

张勇在复盘会上的演讲内容摘要如下[13]：

我希望我们在"双11"刚刚过去的时候，在所有的记忆还非常清晰的时候，集团各个单元、各个部队，"双11"所有的指战员，所有相关的阿里小二、小二的主管，各核心团队能够在一起共同复盘总结一下"双11"。

……

最后对所有在座的管理人员提几个希望和要求，"双11"除了复盘业务、复盘文化，其实我们每个人都要自省，我们需要自省，每个人都需要思考和自我认知。在这次"双11"当中，我也观察到很多的变化，我也有很多想法想分享给大家。

第一点，希望大家能够做到"一张图、一颗心"。我们每年有那么多的新人加入，我们有很多老员工，我们各个业务部其实涉及了今天社会经济的各个方面，最近我们又进入了文化娱乐产业，范围越来越大了。怎么样形成一张图、一颗心？我的观点，首先必须是一颗心，才有可能一张图，为什么？因为本没有一张图，图是画出来的，在这个过程当中，要形成一张图，必须首先有一颗心。一颗心很难，但是我希望几万人要形成一颗心，有几点想法希望大家借鉴。

在组织体系越来越大的情况下，所有的管理干部必须以身作则，必须从自己开始，有一颗通透的心。这次"双11"很典型，我们是跨兵

第8章 阿里政委工作方法论
——六个盒子、复盘

团作战，有很多小二都参与了，有很多将军、师长、团长可能要受一个连长的指挥，为什么？要打仗，要有调度，各司其职。在这个过程当中，我也观察到了，其实今天阿里随着来了很多最近几年来的同事，大家在面临这样一个情况下，有的时候说话还不够直接，开会还是一团和气，该说的时候不说，每个人心里都有自己的想法，每个人都是有业务判断的。我想说，每个人首先要做到一颗心，能不能首先有一颗通透的心，你怎么想就怎么说，说错了不要紧，我们互相争论一下。

我们可以平心静气，甚至激烈地去讨论一些问题，但是这个背后需要的是什么？需要的是一颗通透的心。我们绝大多数的员工都非常的努力，非常的敬业，非常的全情付出，尤其是在"双11"这个场景下。所以我的回答是：我们尽力，人在做，天在看；我们只要尽力，问心无愧就好。主动做到简单，主动做到通透，很多事情就会变得更容易，更通畅。

第二点，我们对客户要多一点敬畏之心。小到一行代码，一个购物车的处理，一个营销工具的降级，都会影响客户，我们必须感同身受。客户为"双11"可不只是准备了几个月，他们很多人的备货是从春天就开始的，我们怎么样能够对他们有敬畏之心，能够真正把他们当成我们的衣食父母，这个需要更多地走进客户，有更多的体感，有敬畏之心。

最近发生很多这样的例子，我们的小二，往好了想，可能太忙了，往差了想，就是态度不好，比如对客户傲慢，找不到人，答非所问，说的事情没结果。我们只要抱着一颗对客户的敬畏之心，我们总能比现在做得好一点，找到自己的很多问题。也许客户提的要求未必完全合理，但是我们怎么样能够抱着一颗敬畏之心，真正敬畏我们的客户，真正敬畏他们在我们一无所有的时候，就愿意在我们平台上尝试，做了很多很多次的小白鼠，被我们很多次地折腾，这些话都不是虚的。

第三，我希望团队之间互相多一点包容心。没有人一直是神，总要犯错的，当我们互相之间看到别人的错处的时候，多一点包容，多一点理解。做新的事情总会有出错的时候，出错的人除了个别意外的，总是心理压力很大的，他知道自己错了，这个时候，我们能不能多一点理解和包容？协作要双赢，双赢就要考虑到对方的利益，也考虑自己的利益，这是道理。我们不是一个只讲理不讲情的公司，这个时候我们需要讲情，需要让所有的小二从自身开始做起，从在座各位开始做起，我们一定能够影响到所有的几万名小二，能够对客户真正有敬畏之心。这个敬畏之心不是客气，不是给他倒杯茶，不是请他玩，是真正的敬畏。

最后一个也是最基本的一个，就是责任心。如果每个人多愿意做一点，多愿意替别人担当一点，我们的生活会变得更美好，我们做的事情会变得更顺。

所以我特别在结束的时候，希望把这几颗心送给大家，也真正希望通过我们的努力，不仅每年能够创造一个"双11"，而且能够为我们的客户、为我们的用户带来越来越多的价值，越来越多得到的不是当面的称赞，而是发自内心的喝彩。我们今天的主题叫"尽情尽兴再出发"。今天我们是再出发的日子，让我们一起擦擦尘土、好好沉淀再出发，走向战略方向上的五个新，真正走进客户，走进用户的心里，每个人心里都有一杆秤，我希望在我们客户的心里有我们的分量。

谢谢大家。

第8章 阿里政委工作方法论
——六个盒子、复盘

本章参考文献

[1] 阿里的六个盒子是什么？[EB/OL]. [2016-12-18]. https://mp.weixin.qq.com/s/875KUrJp4uJIAes1k8-dtQ.

[2] Gartner. Market Share: Public Cloud Services, Worldwide, 2016[R].2017-09-19.

[3] 黄兰兰."复盘"：如何把"经验"转换为"能力"？[EB/OL]. [2017-11-10].http://www.hrloo.com/rz/14262328.html.

[4] 联想复盘方法论：通过不断复盘培养人才成长 [EB/OL]. [2013-08-22].http://www.china-train.net/pxzx-pxgl/65822.html.

[5] 复盘比总结更适合运营 [EB/OL]. [2017-04-07].http://www.gzjunyu.com/c4896.html.

[6] 钟学敏.复盘和工作总结有什么区别 [EB/OL]. [2017-08-28]. http://www.jiangshi99.com/article/content/181493.html.

[7] 柳传志：我的复盘方法论 [EB/OL]. [2016-12-01].http://www.sohu.com/a/120408965_472883.

[8] 华为、万达、阿里巴巴都在用的学习法：战略复盘的正确姿势 [EB/OL]. [2017-01-23].http://www.sohu.com/a/125031917_169235.

[9] 写给创业路上的你：阿里巴巴是这样做复盘的 [EB/OL]. [2017-07-10].http://www.sohu.com/a/156057958_329444.

[10] 用阿里巴巴的案例告诉你，在人才盘点这个事情上，哪些雷万万不能踩？[EB/OL].[2017-10-03]. http://www.sohu.com/a/196182118_648837.

[11] 阿里巴巴诊断自身组织健康用的是哪"六个盒子"？[EB/OL]. [2017-09-03].http://news.winshang.com/html/062/4620.html.

[12] 阿里月饼事件惊动马云等最高层 复盘讨论4小时 [EB/OL]. [2016-09-15].http://www.techweb.com.cn/it/2016-09-15/2393996.shtml.

[13] 双11内部复盘会，阿里CEO张勇说数字就是一个符号 [EB/OL]. [2016-11-15].http://tech.qq.com/a/20161115/044087.htm.

第9章 阿里政委启示录——该中国HR登场了

政委体系可以看作是中国本土企业的管理创新实践，有效降低了HRBP在国内企业中"水土不服"的概率，对国内企业具有更大的借鉴意义，现在该轮到中国的HR登场了！

国内企业该如何借鉴阿里巴巴的政委体系，构建并实施适合自身发展的政委体系，这是个比较复杂的问题。但是概括起来主要有两个部分的内容：一方面是企业该如何构建政委体系，另一方面是企业该如何有效运作政委体系。

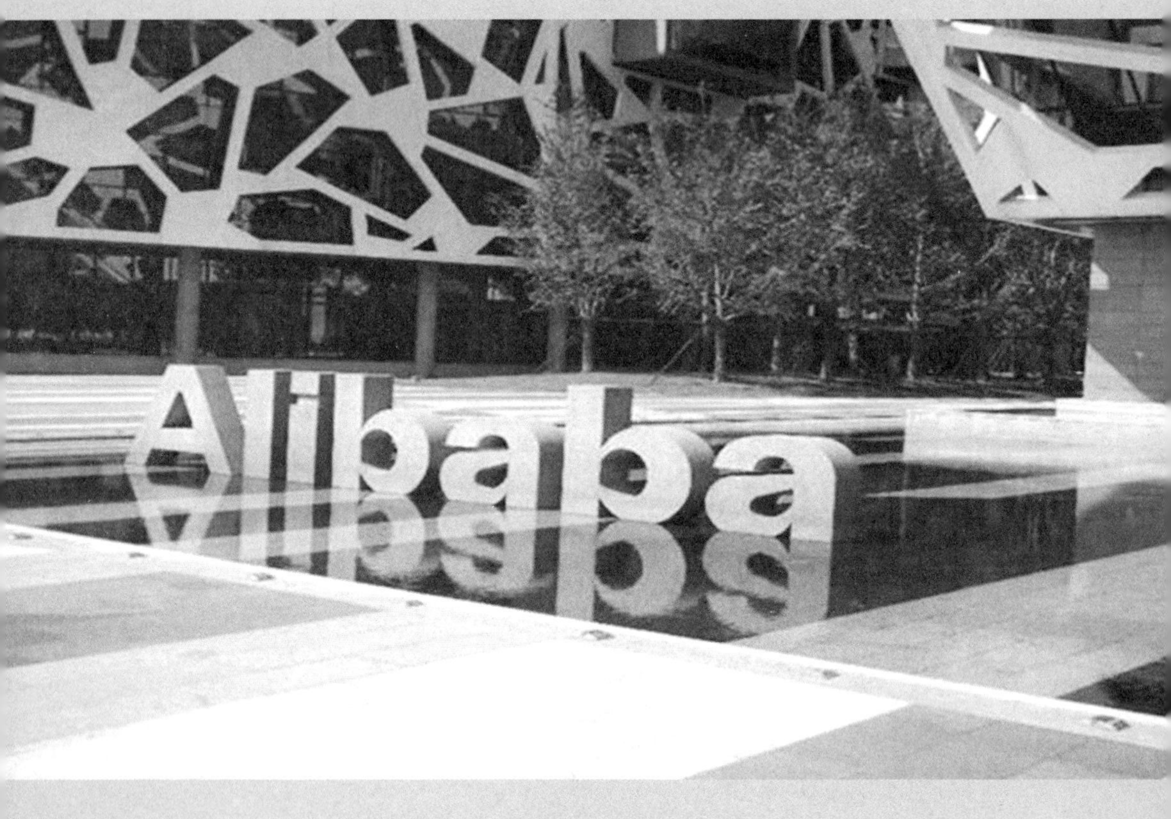
Alibaba

第9章 阿里政委启示录
——该中国HR登场了

》》》 一、阿里政委启示录

阿里巴巴政委体系是借鉴我国红军的政治委员制度，和国外的HRBP模式有异曲同工之妙，不管是政委体系，还是HRBP模式，都无疑给世人一种预兆：人力资源管理转型和人才赋能的时代已经来临。

1.HR回归价值创造之路

HR部门作为一个相对独立的职能或参谋部门，通过一段时间的发展，组织发现它可能已经离组织和业务发展的需求越来越远了，主要表现在如下几个方面：（1）又回到人事行政管理阶段，大量繁琐事务缠身，很多HR成为了"表哥表姐"；（2）教科书上说的从人事管理到人力资源管理，再到战略人力资源管理，由于种种原因，未能兑现；（3）官僚主义和文牍主义盛行，坐在办公室，足不出户，便发文、打电话通知、分配资源；（4）相对独立，形成一套自运行系统，不接地气，无法很好地支持到业务一线。

随着社会经济的快速发展和VUCA（Volatility 易变性、Uncertainty 不确定性、Complexity 复杂性、Ambiguity 模糊性的单词首字母缩写）时代的到来，中国人力资源管理经过人事行政管理阶段、人力资源专业职能管理阶段，现在已经迈入人力资本价值管理阶段。在人力资本价值管理时代，人力资源管理的核心目标是关注人的价值创造，使每个员工成为价值创造者，使每个员工有价值地工作，实现人力资本价值的增值。HR自身也不例外，HR部门和HR们要回归到价值创造的主线上来。HR要回归初心，以终为始，思考如何为公司战略和业务发展创造价值，如何为员工创造价值和成长提供平台、环境与支持。从机制体制上讲，要建立共创、共享、共治机制，使得HR与其他人力资本和货币资本共同创造价值、共享剩余价值、共同治理企业。从管理技术方法上看，信息的对称与互联互通，使人力资本的价值衡量与人力资本计量管理成为可能，用业务结果衡量HR的价值。

长期以来，人力资源管理部门被认为是成本中心，因为管理就需要发生成本。HR价值的主要呈现形式为：（1）人力资源管理部门有自己的营收，比如政府对见习基地和实习基地的补贴，为其他部门或者关联公司提供的服务收入；（2）在原有的人力资源管理部门基础上独立出来，成为具有独立法人资格、独立核算、自负盈亏的人力资源服务公司，比如上海宝钢心越人力资源服务有限公司、中石化共享服务公司；（3）协助或独立做业务，参与运营；（4）主导或参与的人才或团队建设的价值具有溢出效应，比如猎聘到合适的关键人物给组织带来的直接经济效益。

2. 重新定义HR

正如前面所述，传统的HR往往沉溺于事务性工作中无法自拔。在AI时代，机器代人的进度越来越快，HR也不例外。BBC基于牛津大学研究者迈克尔·奥斯本（Michael Osborne）和卡尔·弗雷（Carl Frey）

的数据体系分析了365个职业在未来的"被淘汰概率",其中提到人事的被淘汰率高达89.7%!传统的一些人事事务性工作,包括会议纪要和新闻稿写作、档案管理、开具各类证明、盖章、请假、考勤、工资计算、招聘简历筛选、初面、解雇等,都要被HR机器人代替。因此,沉溺于事务性工作的HR不但目前的价值和地位不高,索取的报酬也不高,未来还面临失业的危险。事务或职能型HR需要转型。

而且,要实现从人事管理到人力资源管理,再到战略人力资源管理,有时是能力和专业性不足以做好其工作,有时是屁股决定脑袋,人微言轻,参与不到人力资源战略规划和组织变革设计,因此职能型HR需要专业化,组织可能需要"外脑"或"空降兵"。

另外,由于官僚主义、闭门造车,脱离业务一线,HR流程和政策很难落地。这首先是要求HR部门多深入一线调研,了解实际情况;其次是需要有一种特种兵,深入业务前线,将业务一线的信息传回来,将上边的HR政策、流程和要求信息传递下去。如此,HR部门才能更好地服务业务一线。

HR+三支柱模型正很好地回应了上述三个问题。HR+三支柱模型,包括人力资源共享服务中心、专家中心、人力资源业务合作伙伴。HR+三支柱模型的产生基于人力资源转型的需要,HR部门要像业务部门一样,有自己的目标客户群体,需要更加精细化分工与运作,为业务部门提供更优质、专业的服务,从而共同实现公司总体目标。在HR+三支柱模型下,HR的职能、角色和能力将被重新定义。人力资源共享服务中心中HR的角色可能是技术专家、客户经理,专家中心中HR的角色可能是高级专家、咨询顾问,人力资源业务合作伙伴中HR的角色可能是特战队员、政委、全科医生、知心姐姐。不同的HR角色,对其能力的要求也不同。

3. 政委岗位是个大舞台

在HR+三支柱模型中，人力资源业务合作伙伴（HRBP/政委）具有以下几个特点：

第一，与人力资源共享服务中心和专家中心相比，它是HR从业人数最多的一个支柱。按1∶200~500员工的配比，1万人的企业需要20~50名HRBP/政委。比如，真功夫就是按1∶350~450的比来设置HRBP的。

第二，最不可以被替代。研究表明，工作包含以下三类技能要求，被取代性非常小，即：①社交能力、协商能力以及人情练达的艺术；②同情心以及对他人真心实意的扶助和关切；③创意和审美。HRBP/政委在很大程度上符合这些特点。用AI取代HRBP/政委是不可能的，现在的技术没有社交协作和情感沟通的能力。

第三，发展的路径宽。比如在阿里，小政委可以向大政委发展，近年及今后很长一段时期，企业对政委的需求强劲，还有机会被猎头相中；其次，政委还可以干回职能HR；最后，政委还可以转做业务主官。

第四，HRBP/政委是团队角色互补的需要。业务主官主抓业务和KPI，可能忽略了企业文化、价值观和生活等其他方面的工作，HRBP/政委作为参谋、牧师、知心姐姐、教练等角色，正好弥补了业务主官的不足，相互制衡，又相得益彰。

由此可见，政委岗位是个大舞台，作为政委，需要扮演多种角色，包括参谋、教练、陪练、知心姐姐、特战队员、组织文员、文艺委员等，对政委的人际沟通与交往能力、责任心、业务知识及洞察力、组织协调能力等能力和素质提出了较高的要求。

4. 阿里政委是中国本土化管理实践的杰作

也许马云当时设置阿里政委的时候，根本就不知道 HR+ 三支柱和 HRBP 的存在，而是借鉴战争片《历史的天空》《亮剑》的政委人物原型，使其在阿里巴巴管理实践中逐渐生根发芽，不断发展成熟。HRBP 可谓是舶来品，作为 HR+ 三支柱的一个重要支柱，政委和 HRBP 都很好地反映了企业管理的本质，即业务导向，为组织创造价值和利润，最终的目的和落脚点是一样的。但是，阿里政委具有很浓的中国味和阿里味。比如中国人可能没有那么重视有关年龄、婚恋、交友等方面的隐私，作为"知心姐姐"的政委涉猎员工生活方面的内容广度和深度就与西方的 HRBP 大为不同。而阿里的"裸心会"等活动形式更是具有阿里味。如此，中国企业特别是民营企业对阿里政委更有一种亲切感。

阿里巴巴作为民营企业，发展之初并没有像国企那样，拥有健全的党团组织、工会、妇联、纪委等机构，党政相对独立又相互渗透，阿里政委在某种程度上承接了党团组织、工会的部分角色，但又有很大的不同，主要表现在如下几个方面：（1）党团组织保证组织正确的政治路线，坚持党对企业的领导，而阿里政委则是保证阿里企业价值观的传承；（2）国企中可能党委书记是一把手，董事长是二把手，或者实力相当，而阿里政委非常明确是二号人物；（3）党团组织是在一些方面支持到业务，而阿里政委是在坚守底线的同时以业务为导向。而阿里政委的业务导向和要求在一定程度上可供国企借鉴，阿里政委的今后发展除了借鉴军队政委外，还可以借鉴国企党团的组织形式和工作方法。

二、借鉴政委体系——体系构建

阿里巴巴自2005年开始搭建政委体系，经过十多年的尝试与创新，才有了如今比较完善的政委体系。现在也有些企业开始效仿阿里巴巴的政委体系，在企业中进行人力资源转型，但是在实践过程之中也凸显出很多问题，很多企业并没有真正地理解构建政委体系的意义，只是将政委体系当成转型的目的而非工具，最终的结果就是政委只是换了"马甲"的HR。民营企业要实现人力资源转型，可以借鉴阿里巴巴的政委体系，首先要做的就是搭建政委体系的框架。

1. 做好前期准备

政委体系能够在阿里巴巴成功运作并不代表任何企业都适合构建政委体系。民营企业管理层若想构建政委体系，首先要解开三个疑问：企业在哪个阶段开始搭建政委体系？政委体系适合什么样的企业？你的企业真的适合构建政委体系吗？

【企业在哪个阶段开始搭建政委体系】

企业要搭建政委体系需要选择一个比较合适的时机，这个时机就是企业要明确自身的需求，搭建政委体系有没有必要，对企业的发展可能会产生怎样的影响。

阿里巴巴在2004—2005年孕育政委体系，主要是出于企业战略、人员发展和业务扩张的需要，处于企业成长期特别是快速成长期。民营企业首先要对自身战略进行梳理，规划未来的发展目标，并且清楚满足这个目标需要完成哪些任务，构建怎样的流程和团队，文化如何传承。从企业生命周期来看，引入政委体系的阶段，放在成长期和发展期会比较好。

【政委体系适合什么样的企业】

关于政委体系的适用性问题，这是每个管理者在推行政委体系之前都需要认真思考的问题，不要为了追赶新潮，盲目跟风。要确定行业类型、企业规模及企业文化是否适合构建政委体系。

阿里巴巴就行业类型上看是属于互联网行业，而且政委体系在阿里巴巴集团中的淘宝网、阿里B2B部门实施效果较好，可以看出政委体系的运行效果也是分行业的，目前至少在电商、互联网、O2O等快速成长行业运行效果较好。

互联网行业的特点是巨大的波动性和不确定性。是在一个这样的行业中更需要政委，还是在一个相对稳定的行业中更需要政委？当然，我们这里说的需要，不是需要某一个人或某一个角色，而是对政委体系所包含的运作理念和模式的整体性需要。大家可以想象，在一个行业不断整合、企业兼并收购不断发生的环境中，和在一个行业内各自安分守己的环境中，谁会更需要政委？当然是前者更为需要。

从阿里巴巴的经验可以看出，政委体系在一线员工众多、团队规模成千上万的企业中运行效果明显，也就是在新型劳动力密集型企业中落地效果比较好，如美团网、去哪儿网等都属于这个类型的企业，一线员工比较多，但是又与传统意义上的劳动力密集型企业有所差别。但是政委体系在这些大规模企业中践行较好，并不意味着中小企业不适合搭建政委体系。相反，中小企业和大中型企业相比有时候也许更适合政委体系，主要表现在三个方面：

（1）中小企业具备快速变化的基因。

中小企业跟大型企业比，组织结构转型快，灵活性强。政委体系的推行背景实际上是人力资源整体转型，人力资源转型的背景是企业外部市场变化快，企业内部业务需要快速调整。中小企业要存活，整个企业都要去适应变化，快速消化和吸收政委体系也是在情理之中。

（2）中小企业的HR具有强业务导向。

特别是初创型企业，在残酷的市场竞争中，产品和资金的运作上稍有不慎，公司很快就会消失。这类企业的HR天生具有危机感，具有强业务导向的思维。而传统大型企业的HR，离业务端比较远，业务神经末梢不够发达[1]。

这类企业还有个共同特征就是业务比较多元化，组织结构呈矩阵式，既有业务线，也有区域线，多线作战，这就要求有一个多方位指导型的政委体系来进行有力支持。

（3）中小企业一人多岗。

中小企业因为企业规模较小，所以一人多岗的现象比较明显，可能专职的政委人数按配比较少，但是可以设立民间政委或者兼职政委，适当分担一些政委的工作，比如"知心姐姐"角色的工作。提倡业务主官兼政委于一身，对中小企业来说不失为一种好办法。

阿里巴巴的企业文化是非常出名的，其价值观中的第一条就是"客户第一"，这也是阿里巴巴员工不可触犯的天条。可以看出阿里巴巴是一个以业务为导向的销售企业，员工需要用地推或者电销的方式完成目标，企业文化主要用来引导和激励员工，使得员工在追求业绩的过程之中不忘初心。阿里政委工作的根本是传递价值观和企业文化。对其他企业而言，就要看企业是否已经形成了自己的价值观和独特的文化，如果已经形成，就更有利于引入政委体系。

【你的企业真的适合构建政委体系吗】

政委体系在阿里巴巴成功实践之后，互联网上出现各种所谓的"专家"鼓吹政委体系，宣传甚至神化政委的多功能，既能解决业务问题，又能解决人力资源方面的问题，还能提供各式各样的服务，似乎只要建了政委体系，将HR变为政委就能够贴近业务了。但是，企业要明白目前阻碍战略实现的核心问题，怎样从人力资源角度来解决，若问题并不是出在人、干部和团队方面，那构建政委体系可能会把事情弄得更糟。

现在有的企业就是连自身的需求都没有弄清楚就盲目跟风，手忙脚乱地开始构建政委体系，没有计划和重点，似乎是为了建政委体系而建，忽视了原来的出发点是为了解决企业的核心问题，反而让问题变得越来越多。因此，构建政委体系，首先就是要对企业问题进行诊断，权衡不同行动之间的利弊，用最少的人力资源解决企业最核心的问题，这才是正确的打开方式[2]。

2. 明确政委定位

很多民营企业的政委体系（或HRBP模式）落地失败的主要原因就是没有明确政委的角色定位，政委空有其名，缺乏实权。阿里巴巴的经验告诉我们，搭建政委体系的第一步就是要明确政委的定位，包括职能定位和角色定位。

【职能定位】

政委究竟是干什么的？关于这个问题，有些民营企业可能还是概念模糊，不能准确地说出政委的职责，对政委工作的认识具有较大的片面性和偏激性，这其实也说明了在当下政委一职面临一定的尴尬。造成尴尬的原因就是自身的职责设定不明，导致政委工作不到位。明确政委的职责需要对政委的日常工作进行梳理，整理出工作的大方向。从阿里政委的发展可以看出，首先是高层重视，将政委定位为二号人物，其次，政委的工作方向非常明确，就是组织战略、企业文化和人才发展。

HR在转变到政委之前，必须与业务主管确定政委职能和扮演的角色，能做什么，不能做什么，产出什么，主动去帮助业务主管做好准备。

【角色定位】

遵照政委体系的管理规则，政委与业务主管的关系不能是一团和气，而是一种作用力与反作用力的关系。阿里巴巴政委是要站在相对独立于一号人物的客观立场，形成这个组织最大的、契合市场、契合发展阶段的最佳团队和文化特质。之所以要让政委在很多时候扮演反对派的角色，是因为快速成长中的阿里巴巴，每一块业务发展速度都太快，但并不是都很成熟，再加上业务主管本身也有一些是被"赶鸭子上架"，有7分能力让他去做10分的事。这时，通过政委的不断提问和质疑，就能督促他们从更多维度思考管理问题，弥补管理经验的不足，在一定程度上降低快速提拔造成的管理风险[3]。

3. 理清汇报路线

搭建政委体系的第三个重要环节就是理清政委的工作汇报路线，一般来说，政委的汇报路线和政委的隶属关系具有很大的关系。目前，政委体系有两种隶属关系：一种是隶属于人力资源部门，另一种则是隶属于业务部门。相应地，政委的工作汇报也由相应的部门主管负责。这只是其中的一种汇报路线，即单线汇报，还有一种是双线汇报，双线汇报可以理解为既向业务部门汇报，又向人力资源部门汇报。还有另一种理解方式，政委团队发展到一定规模的时候，需要做很多横向协调和垂直沟通，这就需要政委既要向同级政委汇报，又向上级汇报。

这么多的汇报方式，企业应该选择哪种呢？其实，不同的汇报方式对应的是不同的政委体系发展阶段，刚开始推行政委体系时，最好采用单线汇报中的业务汇报路线。政委体系推行之初，政委在业务部门的工作展开还有一定的难度，可以暂时用这种方式"拉拢"业务主管，确保业务主管将政委看作自己人，政委可以利用这种关系充分发挥应有的作用。这种做法实质上就是用充分授权的方式来置换HRBP模式的落地，所谓"舍不得孩子套不住狼"，HR转型首先就是要革自己的命，敢于抛弃本位主义，完全置身业务导向[4]。政委体系可以正常运行，政委对业务进行了深入钻研之后，可以考虑强化政委的角色定位，政委的业务汇报线就可以正式转变为HR汇报线了，这样可以进一步强化政委的作用。

但是当企业发展到一定规模，政委团队壮大，管理层级增多，政委在工作过程中可能要进行矩阵式沟通，纵横交错，原来简单的单线汇报方式需要做些调整。政委既向区域业务负责人汇报工作，同时还要向上级HR部门汇报工作，接受来自双方的KPI考核，形成矩阵式汇报。同时赋予区域业务负责人和HR部门对下属HR绩效考核的权限，来确保政委为业务部门服务的主动性、配合性。

4. 优化搭建步骤

阿里巴巴的政委、人力资源专家中心和人力资源共享服务中心构成了现代人力资源管理的"三驾马车"。

政委：是HR部门和业务部门的纽带，协助业务经理管理好团队，包括员工关系维护、员工规范管理、制订个性化的人力资源解决方案、设计合理的人力资源工作流程等；

人力资源专家中心：主要解决员工的薪酬福利、组织绩效、员工关系和组织关系等方面的问题，由这方面的专家组成，会针对性地给出专业性建议并设计出有效的解决方案；

人力资源共享服务中心：在招聘、薪酬福利、差旅费报销、工资发放、档案管理等事务性工作方面，为企业提供全方位的统一服务，若是企业人力不足，可以将这部分工作外包给符合要求的第三方机构，提高管理效率[5]。

这种职能分工和HR+三支柱模型有很大相似之处，可以将这视作政委体系下的三支柱模型，建立适合企业的三支柱模型。在三支柱中的政委、人力资源共享服务中心、人力资源专家中心建设进程中，企业规模会影响到三支柱的搭建顺序。中小企业结合业务急需程度和资源能力，通常的推进次序是：政委、人力资源共享服务中心、人力资源专家中心（见图9-1）。因为从业务视角来看，最需要政委，然后是人力资源共享中心，最后才是人力资源专家中心。而大型企业的搭建顺序可以是人力资源共享服务中心、政委、人力资源专家中心。大型企业员工众多，传统HR需要处理的行政事务量比较多，首先需要将HR从这部分工作中解放出来，才能让HR做好转型准备。

政委 → 人力资源共享中心 → 人力资源专家中心

图9-1 中小企业的三支柱搭建顺序

关于各支柱的人员配置，政委团队可以根据企业的业务线和产品线配置，而人力资源共享中心在企业发展到一定规模之后可以考虑外包或者自助化，人力资源专家中心则可以根据企业内部需求增加更多模块，解决更多问题。

阿里巴巴的政委体系搭建主要有三个步骤：第一步是强化HR职能，搭建一套赖以发展的人力资源框架，主要包括薪酬体系、绩效考核体系和人员培养体系等；第二步是重点打造政委体系，明确政委在组织中的定位，明确组织的核心价值观，要弄明白搭建政委体系的目的与意义；第三步就是完善政委体系，协调好政委与业务部门之间的关系，政委和业务之间是一种作用力与反作用力的关系，在组织中起到承上启下的作用，如图9-2所示。

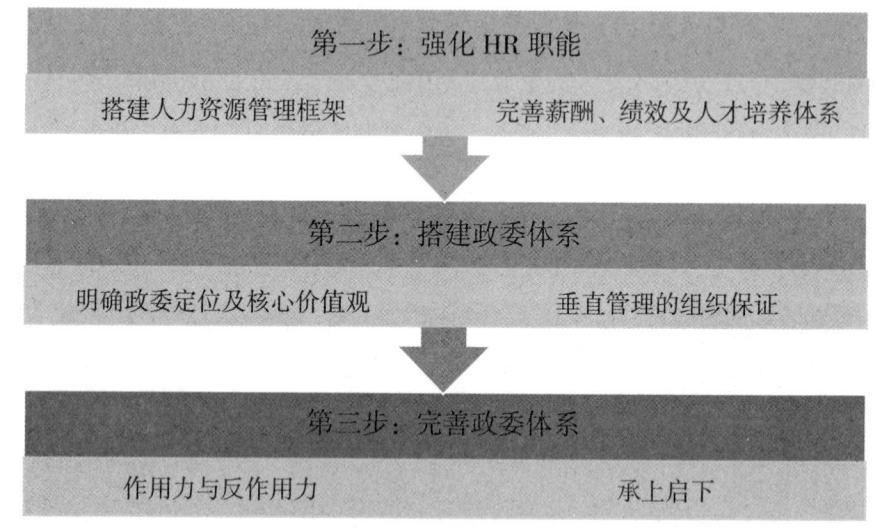

```
第一步：强化 HR 职能
搭建人力资源管理框架        完善薪酬、绩效及人才培养体系
            ↓
第二步：搭建政委体系
明确政委定位及核心价值观        垂直管理的组织保证
            ↓
第三步：完善政委体系
作用力与反作用力              承上启下
```

图 9-2　阿里巴巴政委体系的搭建步骤

5. 精选政委人才

框架搭建完成之后就需要组建政委团队，这是很关键的一步。在挑选政委时，要做到一个"精"字，要真正符合条件，宁缺毋滥，否则只会搅乱大局。虽说政委是人力资源总监的转型，但是并非所有的 HR 都适合做政委的工作。政委最基本的要求就是人力资源专业能力和人际关系能力要够格。若在企业中，最大的人力资源总监都不能理清业务逻辑，梳理出完整的业务链，然后还提倡要进行人力资源转型，设置人力资源三支柱，搭建政委体系，这样可行吗？企业可以选择内、外两种渠道来获取政委人才，内部渠道主要就是由业务线的主管或者 HR 部门的员工转岗，外部渠道主要就是通过社会招聘的方式，找到符合任职要求的有相关经验的政委。在适当的时候，军队退伍转业人员经过政委（HRBP）特训，部分人员也许适合做企业政委。

内部员工的话，通常业务线的主管是最好的。他们懂业务，有一定的团队基础和天生的业务敏感度，展开工作时会比较顺畅。传统 HR 的专业能力较强，但是业务敏感度是难以在短时间内培训起来的。传统的 HR 中也有适合做政委的人才，比如说从事招聘和培训这两大块工作的 HR，这两块工作需要有较强的人际沟通能力，这正好也是政委所需要的，如图 9-3 所示。

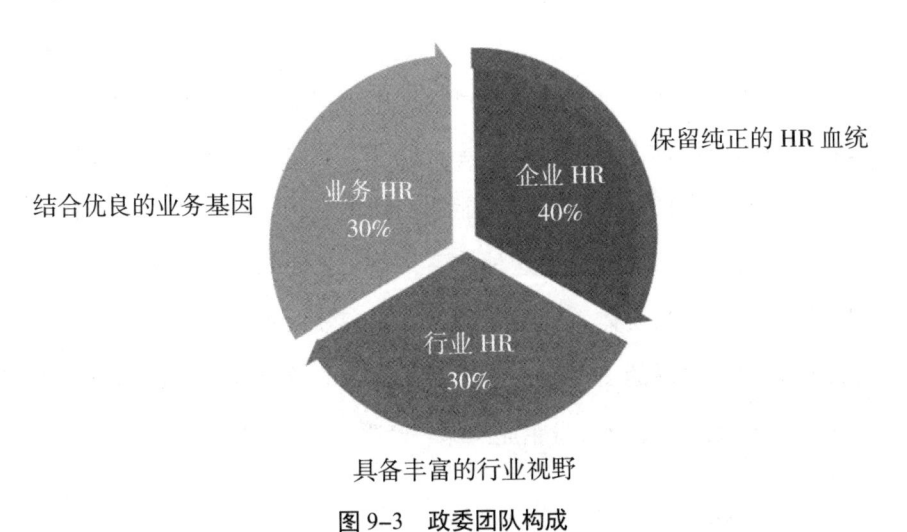

图 9-3　政委团队构成

- 企业 HR 40%（保留纯正的 HR 血统）
- 业务 HR 30%（结合优良的业务基因）
- 行业 HR 30%（具备丰富的行业视野）

外部招聘的话，在刚开始推行政委体系的时候并不推荐用这种方式，"空降兵"不能很好地"接地气"，不能从根本上解决问题，但是在政委体系成熟之后，可以采用这种方式救急，解决政委的临时短缺问题，或者是公司新成立项目，可以采用这种方式获取政委人才。应聘者不仅需要具有扎实的专业基础，更重要的是要有政委（HRBP）的实践经验。企业需要从应聘者口中了解前任公司的产品、业务运作流程、主要客户、产品的核心竞争力等，一旦应聘者不能很有逻辑、很有条理地讲出这些，那基本上就可以淘汰掉了，连这些都不能说清楚的话还能紧贴业务吗？制订的人力资源解决方案当然也是没有依据、不可行的。

三、借鉴政委体系——体系运作

政委体系的建设主要还是停留在理论层面，体系搭建成功只能证明政委体系在理论上是可行的，是否能够有效落地还是要看政委体系在企业中的运作情况。政委体系能够在阿里巴巴成功运作，并不代表国内的民营企业就能够适用这种体系，每个企业的实际情况不同，运作环境的不同对政委体系的落地成功率具有较大的影响。企业怎样做才能保证政委体系的良性运作，达到其应有的效果？又该如何调整政委体系，摸索出最适合自身企业的那一套呢？

1.政委赋能，双线提升

政委体系落地的重要环节就是要给政委赋能，赋能具有两个方面的含义：一方面是指政委需要具备哪些能力，另一方面指的是要满足这些能力要求需要做哪些努力，前者侧重于政委的任职资格，后者则强调政委的能力培育。

大多数政委到了业务部门后，由于不熟悉公司业务，常常会因为管理不当被排斥，或是了解业务速度太慢无法被认同。相反的，如果企业将业务部门中从事行政管理等非专业人员进行培训后担任人力资源业务伙伴，那么就会带来一系列的新问题。落实政委体系比较有见地的想法就是：政委赋能，双线提升。这意味着不管是来自业务方，还是来自 HR 方的政委，都需要提升自身能力，如图 9-4 所示。

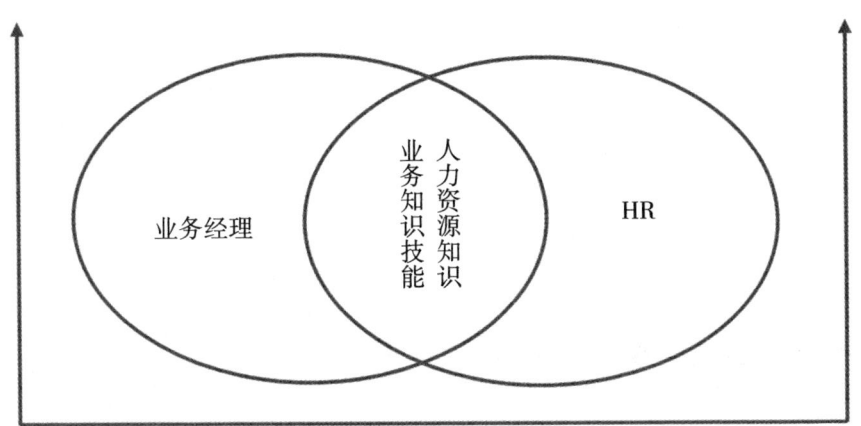

注：业务经理的知识结构 = 业务知识 +HR 知识
HR 知识结构 =HR 知识 + 业务知识

图 9-4　政委赋能双线提升

一方面，业务经理需要提升对人力资源业务的理解能力，懂得授权和员工激励，通过培训提高其统筹全局、驾驭现代企业的领导力；另一方面，HR 要提升对业务的理解能力。HR 要深入产品一线深入市场客户，建立客户和产品导向的思维模式，具备产品经理的意识，才能为业务部门提供有效的战略支持服务。

政委的赋能是一个系统性、长期性和专业性的过程，从入职培训到进区实践都有详细的行动方针和相应的时间安排。从阿里巴巴政委赋能的过程可以看出，赋能和传统的培训是有差别的。

首先，赋能过程比较强调系统性，整个过程涉及人才发展各个环节，如政委的选拔、能力培养，未来的职业发展方向等，而传统培训的目标性比较强，比较重视单次培训效果，更多的精力放在了培训课程设计和方案落实上。

其次，赋能比较具有前瞻性，在培育政委能力的时候是根据业务的变化而动态化地改变培育目标的，但是传统的培训主要是着眼于当下的问题，培训目标比较明确可量化。

最后是关于培训的导向性，政委赋能是以业务为导向的，赋能的目的是更好地解决业务上的问题，导向性明确，培训的话就是从培训对象的需求出发，没有其他的导向性。

2. 支柱互动，良性运作

政委体系只是整个人力资源管理系统中的一个组成部分，政委、人力资源共享中心和人力资源专家这三个支柱是不可分离的，三支柱在日常运作过程中要时刻保持频繁互动。人力资源共享中心的存在能够有效减少政委的行政事务性工作，将更多的精力集中在深入业务、实现组织战略方面；而人力资源专家中心为政委提供了强有力的后盾，能够提供有针对性的业务战略咨询和问题解决方案。企业在构建政委体系时要将其置于整个三支柱架构中，若只是单一地建立政委体系，政委就成了"万事包"的角色，兼顾 HR 和业务部门的大量事宜，没有完善的体系支撑，既要将大量的精力和时间放在日常人事管理上，又要想着如何了解业务、深入业务部门，这样只会两头都做不好。而结果就是，企业政委体系不会达到预期效果，反而有可能降低现有人力资源管理体系的效率，出现事倍功半的效果[6]，如图 9-5 所示。

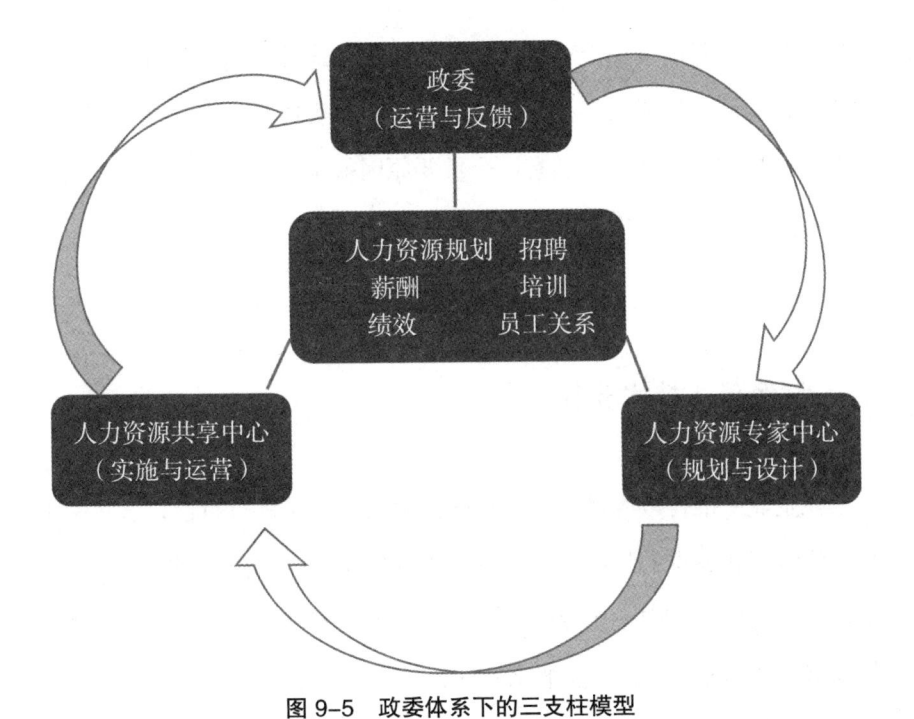

第9章 阿里政委启示录
——该中国HR登场了

图 9-5 政委体系下的三支柱模型

从图 9-5 中可以看出，传统的 HR 六大模块的内容在三支柱模型下的运转需要政委、人力资源专家和人力资源共享中心之间的互动，才能保证整个体系的良性运作。在这个体系中某一些功能的缺失，就容易导致整个体系运转时出现问题。

在企业日常的传统六大模块运营中，因为是按照职能划分的，所以如果某一个模块中的某一个环节出现问题，比如绩效的规划或者设计不足，对整个体系的影响不大：基础的绩效运营可以正常进行，仅仅是在绩效体系改进与优化上出现一些问题[7]。但是，在三支柱模型中，规划与设计属于人力资源专家中心的范畴，一旦人力资源的规划与设计出现问题，那么对整个体系的入场运营都会产生不良的链条影响。

政委体系的运行如同高速运转的机器，三大支柱功能互动机制设计应该符合效率原则，不管是数据分析传输，还是跨部门信息沟通将更加频繁、高效。目前国内企业的实践证明，仅依靠几个系统软件无法彻底解决体系内部的沟通与衔接问题。成功落地政委体系的企业除了有强大的财力和技术支持之外，还有一个重要原因就是流程明晰，内部沟通成本较低，这是很值得借鉴的。

3. 人财保障，技术支撑

在企业中推行政委体系对原有的人力资源系统进行重造，这是一个很耗费时间和成本的举措，特别是对于规模比较小的企业来说，这个成本是不可忽视的。中小企业的业务比较简单，若进行人力资源管理体系的改造，HR的分工进一步细化的话，只会徒增运营成本，对组织效率的提升并没有显著效果。

政委体系在阿里巴巴的成功实践就足以说明这个体系的运行需要强大的人力、财力和技术作为后盾，提供强有力的支持[8]。目前我国的一些制造企业并不是很重视人力资源的管理，人力资源管理部门的设置和相关人员的配置并不是很规范，人员的素质更是和市场的平均水平相差甚远，这会直接影响到政委体系的运作。

很多政委可能在人力资源传统的各个模块中有很深的造诣和能力，但是他对业务缺乏了解，或者根本没有意愿去了解，不能根据业务需要分析诊断人才发展方面的问题，不能满足业务部门战略发展的需要。除了业务了解程度，假如专业程度和影响力较为缺乏的话，政委是不能发现业务战略问题并提出专业性建议的，很难取得业务部门的信任，更别提整合定制一些HR服务来满足业务部门的需求了。

关于成本投入问题，国内的企业可以从实际情况出发，在大的框架下面根据业务需求选择合适的模式,可以根据企业发展的侧重点将各种职能放在不同的机构中,可以根据公司业务发展的侧重点随时调整机构之间的职能[9]。为节约成本,不必在各个部门都设置政委一职,可以多个业务部门共用一个政委,模式并不是一成不变的,企业可以灵活操作,具体问题具体分析。阿里巴巴的政委体系其实就有点类似HRBP模式,但是职能机构有点差异,设置的是政委、人力资源共享中心和人力资源专家中心,并对各个职能部门做出详细的分工。

4. 阶段评估,适时调整

推行政委体系本质上是对人力资源的变革,在推行过程中不会一帆风顺,可能会遇到各种各样的阻力,但是一旦坚信正确的方向,就要坚定不移地进行下去。在这个过程中要善于将目标阶段化、细微化,三支柱的每个职能机构都要设定转型里程碑、关键任务、阶段目标和质量标准,循序渐进。政委的角色转变也是需要时间的,要同时处理好组织、人员和文化方面的关键问题,很难一蹴而就。但是阶段化之后就显得容易很多,在初级阶段,可以从简单的人员问题入手,如人才盘点、人员规划和人才发展等,可以帮助业务部门解决比较常见的人员问题;在高级阶段,就可以着手解决复杂的组织变革、组织设计和文化建设等问题了。很多时候,企业人力资源转型或者变革成功的重要原因就是持续创造一些可见的、明确的小胜利。这些胜利有利于累积信心,推动转型继续。

可以根据企业的发展战略,分析政委管理效能如何,确定不同阶段以哪些关键指标衡量政委管理效能,确保政委体系的实施效果能够量化。政委的工作内容的交叉性较大，工作成效不太好直接量化，但是相关部门（人力资源管理部门或者业务部门）还是需要根据政委的工作内容，和政委一起确定最关键的事项，制定政委对组织、人员和文化产生实质性作用的量化指标，在取得初步成果时，可以将具体成效展示给企业高层，显示政委存在的价值、政委体系的作用，取得信任，这样对于后续工作的推进具有积极作用。政委的效能大致可以用"三看"来判断：看部门绩效、看员工产出、看HR产能，如图9-6所示。

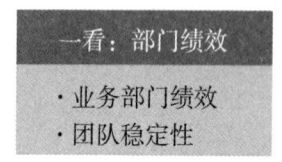

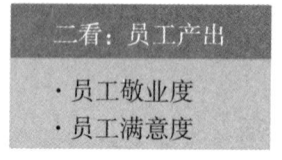

一看：部门绩效	二看：员工产出	三看：HR产能
·业务部门绩效 ·团队稳定性	·员工敬业度 ·员工满意度	·HR能力提升度 ·HR离职率

图9-6 "三看"政委效能

阶段性评估政委的效能，除了可以取得企业高管和业务部门主管的信任，顺利推进政委体系建设之外，还有一个重要作用：适时调整方案。

若阶段性成效未达标，则可以深究其中的原因，是整个体系设计有问题，还是政委自身素质有待提升。这些需要政委和业务方或者人力资源方共同来探究。找出问题的源头，进行适时调整并完善，构建最合适的政委体系，发挥其最大效用。

本章参考文献

[1] HRBP模式适合中小企业吗？[EB/OL]. [2016-06-12]. http://www.cdxmjy.com/zuixinzixun/1375.html.

[2] 你的企业适合设置HRBP吗？[EB/OL]. [2016-06-21]. http://www.chinahrd.net/blog/374/383499/373455.html.

［3］缺失的政委[EB/OL]. [2015-09-10]. http://chuansong.me/n/1687378.

［4］中小企业如何落地 HRBP 模式？[EB/OL]. [2015-04-10]. http://www.wewehr.com/point/2748/.

［5］揭秘阿里巴巴政委体系及落地宝典 [EB/OL]. [2015-03-31]. http://chuansong.me/n/799634949659.

［6］从 HR 到 HRBP，你需要如何转型？[EB/OL]. [2016-03-28]. http://blog.sina.com.cn/s/blog_14fc8490b0102w1w7.html.

［7］HRBP 转型为何达不到预期？[EB/OL]. [2016-08-12]. http://www.sohu.com/a/110252330_117482.

［8］一个 HRBP 落地失败案例的反思 [EB/OL]. [2016-03-04]. http://www.hr.com.cn/p/1423415144.

［9］中国企业的 HRBP 如何才能落地？[EB/OL]. [2015-04-01]. http://www.hrsalon.org/knowed/noteviewnote1551bb93617598.html.